U0030215

誰的內心不是五勞七傷？

但我們依然晶光燦爛！

何如芸 著

我為何要打開這潘朵拉的盒子？

· ·

未來路迢迢，再難也會懷抱著勇氣和信心去面對。

2022年4月我和城邦集團布克文化簽約，至今2年整，這本書才總算完成。中間我的老闆下通牒催促我很多次，總是不了了之。這麼喜歡寫作的我，當時連我自己都不知道為什麼要拖延。

某個夜裡，我逼自己開始動筆，一邊寫一面止不住地流眼淚，我才理解，原來我總是不願意去回想那段不堪的過去，就像一個醜陋的潘朵拉盒子，我不想打開。

我是一個不喜歡回頭看的人，無論美好亦或破碎，過去了就是過去了，現在和未來永遠比過去更值得認真對待。

但在那個當下，我好像又看見那個曾經哀哀痛哭的我自己，我不忍心。

事實證明過程確實很艱辛，但現在卻是完全地自在悠然，我的人生，正邁進一個我最舒服最喜歡的階段。

走過的路必然付出過代價，

上帝也不會辜負每一顆流過的眼淚。

如果我可以安慰到和我一樣走在這條道路上的人，我很願意，

假使我可以是一個借鏡，我很希望我是一個不算失敗的例子，

看清自己的軟弱，錯了也就是錯了，但又如何呢？

想方設法尋找更多的勇氣，未來，是可以重寫的，沒有人可以阻擋我們想好好活一次的腳步。

在付梓前夕，我的父親走了。

曾經他的同事們羨慕他有一個當明星的女兒，他說：「我不希望我的女兒作藝人，因為女藝人的婚姻很難幸福。我只希望她嫁個平凡好人家，好好過日子。」

我的父親是此生最愛我、最疼我的男人，我的婚姻應該讓他很痛心吧！

我很慶幸在我走出那個家之後，可以在他身邊又陪伴他4年有餘；如果我還沒離婚，勢必不能如此盡心，這才會是我永生的遺憾。

所有的安排都是最好的安排，

也惟有真愛才能讓我們放膽追尋，且變得無比茁壯。

謝謝一直在我身邊守護的家人朋友們，因為你們讓我更堅強。

謝謝在天堂的父親：

因為你當年寒暑假都帶我去上作文班，天天訂國語日報給我看，讓我隨心所欲讀閒書，才有今天我寫的這本書！

人生的挑戰從來沒有停止過，只要願意，

無論過程怎麼哭，

最後的結局一定是大笑收場，

我保證！

謹獻給對自己人生有追求的所有人，

祝福我們一天比一天更有歡顏！

2024.4.4清晨

From 大兒子 Brian

．．．．．．．．．．．．．．．．．．．．．．．．．．．．．．．．

小時候的我身體很不好，由於爸爸常常需要出國工作，記憶中一直都是媽媽照顧我。爸爸在家的時候，有時會跟媽媽吵架，我跟弟弟就裝睡在房間裡聽著。那時心裡就有萌生爸媽會離婚的念頭，但從來沒有想到會成真。

2019/12/15，那時的我在新加坡留學，而爸爸來看望我們，他單獨地跟我說爸媽決定離婚。當時我的腦子彷彿靜止，沒有辦法理解，心裡五味雜陳。雖然有做過心理準備，但真正來的時候還是十分難過。那時我就想著有沒有什麼辦法是可以讓爸爸媽媽不要分開的，但似乎已成定局。多年後我才了解，分開對爸爸還有媽媽都是最好的結束。而且以前都是一份愛，現在變成兩份，怎麼看都不錯。哈哈哈哈！而我也知道，曾經那在我心中幸福的一家四口，已經沒有辦法回到過去。

媽媽是一個很堅強的人，小時候在家裡總覺得她是一個很兇很嚴格的人，長大後才發現，媽媽什麼事情都會想到我跟弟弟，不管什麼事情都想要我們好好的。我很開心媽媽現在又能快樂地生活，focus her attention towards the things she cherishes！(ngl我文筆蠻差的💀)

From 小兒子 Bruce

我跟哥哥小的時候都很體弱多病，我還有很嚴重的氣喘，常常不能呼吸。通常都是媽媽在照顧我，那個時候也不知道爸爸在哪裡，只知道他有時候會回來。但每次他回來的時候，看到我跟哥哥一直在生病都會罵媽媽。每次聽到他們吵架心裡都很不是滋味。哥哥就很常來跟我說爸爸媽媽會離婚，我們會被送到孤兒院。那個時候的我還被嚇得不輕，也沒想到去了新加坡後會有這種事發生。雖然現在沒有去孤兒院，但爸爸媽媽離婚的事卻是發生了。雖然事前有預想到會發生，也了解這樣可能對雙方都好，但想到不能再一家四口團聚，眼淚都會止不住地往下掉，我還真是個愛哭鬼呢！

還有每次去到朋友家，看到他們那完整的家庭，都會有種格格不入的感覺。跟他的爸爸媽媽一起吃飯時，心裡也都會有莫名的苦澀和羨慕。腦海裡也都充滿著以前的點點滴滴。事情發生後的一段時間我都很鬱悶，但大家都跟我說其實什麼都沒有變。媽媽還是媽媽，爸爸也還是爸爸。他們對我的愛也還是沒有變。過了一段時間後漸漸地就釋懷了。雖然聽著可能沒什麼大不了的，但我內心也經歷了很多。

我的媽媽是一個女強人。小時候對我跟哥哥都很嚴，做錯事就該罵，以前可能不懂，但是現在我知道那是要讓我們獨立且對自己負責。對我來說媽媽就是我的媽媽，不管在外面怎麼樣，對著我跟哥哥的時候都會有溫柔的一面。每次在機場要離開台灣的時候，都看得到媽媽的眼角泛淚。對我來說媽媽永遠都是我的媽媽，對她來說我們也永遠是她的心肝寶貝，不管長得多大，還是那個只會跟在媽媽身後的小孩。每當我想起媽媽，心裡就充滿了溫暖和愛。她是我的世界中最重要的人。所以，我要對媽媽說一聲：謝謝你，媽媽，你是我生命中最偉大的人，我永遠都愛你！我希望媽媽能永遠開心！

From 妹妹 Vivian

- -

2024年春天，我在泰國街頭閒晃時，一則手機訊息將我拉回了神：「我想邀請妳幫我的書寫推薦序，妳願意嗎？」內心反射性地覺得自身文筆毫不出彩而想退卻，但我仍鼓足勇氣回答了「我可以試著寫寫看。」因為她是我生命中最重要的人之一。

這本書記錄了她歷來的生活，文字亦是她近年來的情緒出口。

每當我看到她在社群網站發的文章，我總是說：「妳的文筆能感動人，乾脆出書好了。」她也總是笑笑地否定了這個想法；或許是生命中太多的遺憾，我們總沒自信地先否決了自己。

直到去年，她有了出書這想法，我也重新在她臉上看到不同以往的光芒，一種對自己的肯定，對生活的記錄，對自我的和解；生活不就是起起落落，五勞七傷，但看自己怎麼消化這低潮，怎麼克服這些困難，這就是人生，就是這本書。

From 經紀人 Tina

其實這是一篇很難寫的序，難在它必須要陪著妳再翻閱許多心坎很底層的記憶。

但是，後來的現在想清楚了，畫面是一個漂亮的女孩掉入愛的泥沼中，死命地掙扎、滾竄！狼狽地爬出來，自己慢慢剁掉乾裂的泥痕，再以為人母的力量，天然洗淨。

那個天然讓妳散發女人的美麗氣息，那個天然海納了許多幫助過你的愛的力量：有你的小孩與家人、你親近的朋友、還有公司的藝人、公司同事、媒體朋友、娛樂圈的朋友及粉絲朋友們。

感謝城邦集團布克文化邀約如芸出書，特別感謝賈俊國總編輯及Sonia邀約與指導，因為這個出版品著實是一個女性能量的啟動按鈕之一。

妳過去的幸福與哀愁，我都是被動地被捲進去，此刻讓我們一起對現在與未來懷抱滿足及感恩的情懷，祝福、給力所有的女性都能持以勇氣到達晶光燦爛時刻。

你的夥伴 Tina Yin

她療癒自己，也接住了無數的女人

• •

認識何如芸，有讓我撿到寶的感覺。

之前我們在同一家公司很久，有些互動，但不能說熟。

公司老闆Tina姐說：「妳們應該可以成為好朋友。」
說實在話，那時，我非常不以為然，覺得我們倆個根本天南地北不同，她是貴婦，我愛運動。

她在法院前崩潰的那天，我才發現，她看起來再怎麼高不可攀，也只是個女人，一位母親，我們都一樣，只是她比較會穿搭衣服而已。

接著，她閉緊嘴，小心筆觸，面對外界的獵奇謹慎發言，沒有要報復，沒有要公義，沒有要拽著更多人站在她這邊！？

之後我懂了，她努力把自己過得好，笑得開，是在保護她愛的人，不要讓愛她的人因為她的事，而心生任何愧疚或恨念，讓靈魂蒙了塵。
為了這個愛，溫室裡的金絲雀張翅衝上了天，變成了鳳凰，浴火重生，光亮無比。

我終於明白Tina姐說的，我們能成為好朋友，因為，我們都願意為愛付出，良善且正直。

我喜歡聽她說話，她常常一句話就劃破緊張尷尬，讓大家笑到翻肚，她看似嬌氣柔弱，卻事事必躬親，深怕哪個朋友招呼不周，她最大的缺點就是太堅持，太凡事周全，太要求完美，唯獨做瑜伽的時候不會。

我舞台劇演出，她訂了兩大對超吸睛的立花豎立在劇院前，她說：「丁小寧，妳知道我為什麼要訂對立花嗎？」

我的確不懂，送個花籃來休息室就好了呀！

「我要讓別人知道妳是有娘家的！不要欺負妳！」她霸氣地說。

我在電話另一頭笑到眼淚流出來，真的流淚了，我好感動，我在台北也是有娘家的。

這幾年看她的文章，說起來也有點嫉妒，我開始相信真的有「天份」這種事。

我自己在文字上是練習了許多年才有一種順暢感，但當如芸擺脫了包袱開始可以「正常」書寫後，她的文字組合非常有既視感，好像她說的事就在眼前上演，她只是順便配個旁白而已。

梳理文字一如梳理自己的人生，如芸慢慢地打開一扇扇塵封的門，叫醒過去遺忘了的自己，然而這一個看似療癒自己的過程，卻說出了千千萬萬女人的心，也接住了千千萬萬個女人。

她的文字長出一股魅力，看似脆弱，卻堅韌不移，一如她這個人。

親愛的姐妹，恭喜你出書，祝福妳帶著新長出來的豐厚羽翼，繼續向前飛，所到之處，花團錦簇，美不勝收，一如妳這個人。

謝謝妳這麼愛我，我的娘家。

文◎丁寧（藝人）

推薦序

你所不認識的何如芸

記得第一次遇到如芸姐是在《炮仔聲》的定妝，當下覺得她好美喔！但因為如芸姐之前的螢幕形象，覺得她有點距離感不太敢跟她說話。完全沒想到拍完這部戲後，我們成了有革命情感的好朋友，也在短短這幾年感受到她的變化。

她，真的很不容易。

拍八點檔的日子幾乎天天都在棚裡度過，每一天都有背不完的劇本和台詞。

演反派的我跟如芸姐永遠台詞最多，所以常常看到她跟我一樣都會比通告時間早很多來到電視台拿劇本。

拍了一段時間，每天看到她，怎麼一天比一天瘦？我一直以為是拍戲壓力太大造成的。直到有一天看新聞，才發現辛苦拍戲的這段時間，她還要面對離婚事件。

我無法想像她是怎麼熬過來的。在工作現場，她永遠盡力把最好的一面表現給大家看，我們真的沒人知道她的事。

因為她不想麻煩別人，不想讓別人擔心。

記得有一天，我們在逛街，在某個店裡的更衣間裡，看到她收到簡訊後突然崩潰大哭。

我第一次看到她脆弱的一面，原來她一直在故作堅強。

我很想安慰她卻不知道要說什麼，只能默默在心裡幫她禱告，希望主能夠給她平安和智慧去面對這一切的困難。

羅馬書 8:28
我們曉得萬事都互相效力，叫愛神的人得益處，就是按他旨意被召的人。

過了幾年後終於聽到她說：還好那時鼓起勇氣去做自己覺得對的事。因為這幾年她的改變我也都看在眼中。

　　她變得活得更自在，更有自信，更輕鬆了。

　　聽到她要出書，我很開心地大力鼓掌跟她說 ：太棒了！！

　　因為我一直很喜歡看如芸姐在臉書寫的文字。

　　我相信透過她的文字會讓你更認識何如芸，

　　你會被她感動，

　　被她的故事鼓勵，

　　因為她就是一個很可愛很溫馨很正面的人。

　　祝每一個女人都可以跟如芸姐一樣，

　　過一個勇敢美麗屬於自己要的人生！

文◎王宇婕（藝人）

美麗的外表 堅強的骨子

初次與如芸見面時，神采奕奕的她正為《炮仔聲》作戲前準備，許久未在螢光幕前出現的她，狀態保持得比10多年前更好

幾次的直播邀約合作，發現她對工作認真的態度、細心的程度，所有細節都非常地注重，驚豔到每場合作都呈現最佳狀態，觀眾反饋造成了很大的迴響。

某天在新聞上得知了如芸的消息，心疼地惋惜，在合作的過程裡，完全察覺不到她正經歷了一場人生中最困難的課題。

能在不惑之年與如芸相識，她的豁達、開朗的性格，也讓我重新定義婚姻的意義，我們與伴侶之間的斷捨離。

她讓我學到，當我們不完整時，我們總是能找到新的事物來完整我們自己，一切都有更寬闊的去處。

文◎Sophie Hsieh（英屬維京群島商華高時尚有限公司 品牌經理）

將一切的不愉快，當作是一種祝福

回想在90年代剛認識何如芸時，她已經是一位紅遍大街小巷的玉女明星，她有深邃的大眼、白皙的皮膚，外表充滿柔弱感，讓人就想保護她，殊不知她……擁有了連我都敬佩的「勇敢」與「勇氣」。

何如芸＝壞女人？

她算是我和我先生的媒人之一，我們時常相約在一起，我們個性其實非常互補，她溫暖可愛，我強勢活潑，自然就非常契合。因為她的關係，我才開始偶爾有追她所演的八點檔連戲劇，當時的她詮釋的壞女人角色，真讓我一度懷疑，「私下的妳到底是一不一樣呀？！妳～～壞～～透～～了（氣）！」（當時我怎麼了，怎麼也跟影迷一樣很入戲）

直到她進入了她期盼的婚姻人生，卻願意放下一切，在婚姻裡努力付出與犧牲。在接下來的不完美日子裡，我才發現，她的痛有那麼多，但妳沒有放棄，因痛也變得勇敢。深信沒有一位女人遇到事情天生能強大、通透、灑脫，但……她……做到了！

或許也因為有了「信仰」，她懂得將一切的不愉快，當作是一種祝福的看待，反而讓她越來越走出憂傷，更重要的常常看到她為兒子們禱告，這樣的親子關係，更讓人感動！

未來的事情會如何，沒人能知道，但她時常在社群媒體上分享一些文章，這小小的力量，卻已大大地鼓勵所有的女性朋友們！深信她的勇敢與信念，必能給大家力量！加油！大家都愛妳！

最後祝福妳新書分享能深植人心，
願妳的生命力量成為別人的祝福！

文◎余川川（米匠餐飲集團負責人）

活成自己故事中的最佳主角,每個人都能

在這個光怪陸離的世界裡,如芸是把自己離婚後的生活,活成了一部喜劇了。50多年的人生和她的戲劇表演一樣,充滿著各種出其不意的轉折、爆點和亮點。如果這世上有一個「幸福金馬獎」,我想其中一次的最佳女主角,她實至名歸。

她用一種高級幽默感,讓我們見證了一個女人如何在情感的海洋航行,經歷100種以上的情緒變化,最終還是回到了愛自己的最佳航線上。重新定義離婚不是終點,反而可能是一種全新的章回,一種自我發現和自我重建的過程。進入她的故事你會看見,生活中的每一份痛苦和挑戰,都是通往另一種幸福的門。這一句聽起來過度雞湯的話,她用生命演繹得淋漓盡致了。書裡的故事,就是最好的證明。若我們和她一般充滿幽默、智慧、勇氣和堅毅,去回應生命的試煉,無關年齡,無論經歷,誰都隨時能為找到更好的自己,破繭重生。

她在一切人與人的關係中極力尋找平衡,盡力保持優雅。甚至在某些時刻,展現出了令人忍不住鼓掌的智慧和膽量。一個女人要在生活中不斷成長,有些人是因為本自俱足的幸福安康,可多數人應該其實跟如芸一樣,都是經歷四季風霜以後,才能擁抱詩和遠方。她用她的故事,給每個經歷過挫折、渴望愛與被愛的人,重新獲得勇氣的靈感和力量。幸福並不是一種遠大的理想,而是在生活的點滴中,通過不懈努力和積極態度所能達到的美好狀態。

這本屬於她生命的「故事書」,是對所有人的一次溫暖邀請,邀請我們在每次生命的轉折上,都能勇敢地選擇自我重生,活成自己故事中的最佳主角,以愛和智慧,開創屬於自己的幸福篇章。

文◎宋文端（消費品牌資深行銷顧問／111覺知力中心聯合創始人）

從失去自我到重新找回開朗和自信

· ·

　　我第一次遇見如芸時，她已經是一位全職的家庭主婦。她美麗的容顏和爽朗的笑聲至今讓我記憶猶新，尤其是她那雙白皙逆天的大長腿，彷彿是一位無憂無慮、過著富裕生活的貴婦，就是像我們這種民間友人會羨慕的對象。然而，她內心卻深受婚姻的折磨，最終走上了離婚之路，歷經了三年多風雨飄搖的日子。

　　在這段艱難的時光裡，我們經常討論愛情的包容與極限，比如說，一個愛妳的男人可以包容任何缺點，而一旦愛情消逝，他也可以像魔鬼一樣冷酷無情。這些看似零散的對話卻在我們心靈中生根，成為我們彼此堅強和成長的動力。我們也會聊著婚姻的真諦，它就像每天吃同樣的食物，總會容易讓人感到厭倦。儘管我們的對話內容豐富多彩，但它們實際上是我們心靈的交流和慰藉。

　　在那段困難的日子裡，她常常在深夜痛哭，感到迷茫和疲憊。有時候當談判失敗時，讓她不知所措，她的壓力也導致身體不堪負荷，臉色蒼白，憔悴不堪，甚至有一度瘦到像小學生一樣，雖然當時她的身材可能合乎演藝圈對體態苛求的標準。但在我眼裡，如芸儘管外表光鮮亮麗，她內心卻千瘡百孔，這讓我感到特別心疼。

　　隨著時間的推移，她經歷了三年的轉變。從失去「自我」到重新找回開朗和自信，她的故事就像一部勵志電影，充滿了堅毅和勇氣。如芸的經歷不僅啟發了身邊的朋友，也能給其他面臨婚姻挑戰的女性帶來力量、安慰和鼓勵。她的堅毅和勇敢告訴我們，無論遇到多大的困難，我們都能夠勇敢面對，找到屬於自己的幸福之路。

文◎林美瑄（V-Kool Taiwan總代理 執行長）

推薦序
一段驚險而美麗的生命之旅

當在閱讀這本書，就彷彿跟隨著何如芸的腳步，走過了一段驚險而美麗的生命之旅。她以細膩的筆觸勾勒出自己的人生旅程，從歷經離婚的蛻變，到如今擁有的智慧與領悟，每一段都散發著生命的瑰麗。

在我眼中她是一位美麗動人且內涵深厚的女人。她的閱歷豐富、言談風趣，直率中又帶有一絲神祕感，令人忍不住想要更多地瞭解她，靠近她。

在與她相處的日子裡，她總是毫無保留地展現最真實的自己，這份真實讓人深深著迷。

她的勇敢與堅韌讓我看見了女性的多樣性和韌性。她可以擁有多變的樣貌，可以在生活中自如地收放，並且擁有面對挫折的勇氣。即使經歷了風雨歷程，她依然能夠保持著真實、勇敢，美麗的本色，擁有如此坦然又自在的態度。

我依然記得有一年生日，天才剛亮，她就已經來到我家門口。她捧著一盆花，告訴我：「這是我親手插的花，我知道妳會喜歡，生日快樂！」
她是最貼心溫暖的姐姐，是我生命中的指引者和支持者，更是陪伴我度過許多重要時刻的摯友。
她的真實總是沒有距離感，她的率真總是讓人會心一笑。

這是一本純粹而感人至深的作品，它不僅為讀者帶來了情感上的觸動，更是一次對生命的深刻思考和啟示。我誠摯地推薦這本書給所有正在尋找更多勇氣和力量的讀者，相信我們都是那一位「值得擁有幸福的女人」。

文◎林莞雁（興得建設有限公司、雅荃有限公司 負責人）

20

這個永遠純真的女人！

既然如芸姐敢要我幫她寫推薦，那我就準備來寫她的有的沒有的了唷，接招吧，何如芸！

20年前剛進公司的時候，就覺得這個女生也太漂亮了吧，記得她說一句話我印象深刻，她說：「幸福到忘記哭戲要怎麼演了！」我心裡直覺想「真是個傻妹！」比較熟了之後，有一天她打電話給我說：「妹妹，我帶妳去做臉！」我想應該是身為師姐的她看不慣我鼻子的黑頭粉刺所給我的關愛吧！變成閨密之後，我們會抓緊時間聊天喝酒相聚，有一天小酌之後，她突然大叫一聲：「好想吃西瓜啊！」當西瓜即時出現在她面前的時候，我彷彿看到了小孩子第一次吃到棒棒糖的表情！於是我知道了，這個我剛開始以為的傻妹，她真的好活在當下享受現在啊！自始至終保持一個純真的心、誠懇的意，對人，對事，對世界！

常常遇到一些不順心的事情，我都會安慰自己跟朋友說：「這些都是功課，都會幫助我們長成更好的人！」其實有時候知道這也是一種安慰自己跟別人的說法而已。但是何如芸，我想告訴妳，妳經歷的這一切，真的給了妳好多養分，所以現在的妳自在可愛又漂亮！

這麼真心誠意的人掏心挖肺寫出了這麼一本書，相信你們看完也會跟我有一樣的感覺——有心疼，有不捨，有同理，有尊敬，更有滿滿的佩服！

文◎鍾欣凌（藝人）

Contents 目錄

renascence...

Chapter 1

破繭

當你轉過身時，就不要再去看
過去的點點星光了。

2019年4月1日，我在晶華酒店的12樓VIP會議室，跟對方提出離婚。

之所以沒有選擇在家裡，是因為孩子在家，我不知道說出來之後，對方情緒會如何，

也因為我一直認為，家應該是個最溫暖的地方，不應該存在冰冷的議題。

對方問我去那裡想做什麼？要說什麼？

我問他：「我們現在的生活，你覺得滿意嗎？」當然不！

「那我們可以想想分開生活，你可以重新選擇你喜歡的。」

「妳的意思是，要離婚嗎？」

「如果你決定哥哥小學畢業之後，要和弟弟一起送去新加坡，與其一家人分隔兩地，不如我們現在好好解決。我願意去新加坡，陪伴他們長大。」

原本預定了2小時的房間，話題在不到10分鐘內結束。雙方各自離開現場。

在決定這件事之前，我並沒有和家人討論，只有一位閨密知情。

她一直勸我：「天下的婚姻都是一樣的，再換一個人也不會更好。不如給彼此多一次機會，家庭圓滿，孩子心中也不會有缺憾。」

　　確實，孩子是我的軟肋，堅持了這麼久，也是不希望孩子在幼小的年齡，就失去擁有幸福家庭的權利。

　　我是在一個很完整的家庭中長大，也許家人關係稱不上多麼和諧，因為父母也是一直吵吵鬧鬧；但我們家人一直緊緊相依，不提血緣，人與人之間的感情是與日俱增的，共同生活的情感牢不可破。

　　所以，我不願意幼齡的孩子在小小的年紀，就要面臨家庭的破碎。

　　我歷盡折磨才擁有這兩個孩子，我認為我對他們有絕對的責任，想盡自己最大的努力，陪伴他們長大成人。

　　更重要的是，我不想放棄那些和他們一起生活的幸福記憶。

　　但人生的傷心事有這麼多，多到來不及迎接、來不及思考。那天之後，長達三年五個月的時間，我都感覺身處冰天雪地中，不見天日，每天活得像行屍走肉般，度日如年。

　　終於體會，心碎是有聲音的，
　　還有何謂「痛徹心扉」。

回想20年前的週刊事件後，當年我選擇了回家，很多人都說我傻。

我傻嗎？可能有一點。

我外表看起來柔弱，但骨子裡其實非常剛強。

當時我心想，那是一次失誤，我不相信我沒辦法好好創造一個美滿家庭。我願意帶著傷心重建它，即使努力到最後仍失敗，總比一開始就放棄好。

確實，之後我擁有了5年的好時光。人生中那5年，真是連空氣中都瀰漫著滿滿的幸福氛圍。

和日後漫長的10年相比，這5年真的好短暫啊！但如果一直不捨而回頭望，未來我到底還有幾個十年可以損耗呢？

因此，決定離婚，可以說是我送給自己50歲的生日禮物。

我終於想清楚要好好面對自己未來的人生，不管將來還有多少年，都不要再像個鴕鳥般困守在原地。

既然決定了，就不要再婆婆媽媽、跟回憶糾纏不休，也不要再回頭看那個哀哀痛哭的自己。

「何小姐！請妳邁開腳步往前走吧！」我跟自己這麼說。

走過來時路，
點點滴滴都是眼淚的痕跡。

決定要寫這本書時，我的心情真的百般煎熬。

我是一個不太回頭看的人，要回頭重新打開「潘朵拉的盒子」，內心的糾結無法形容。

離婚進行了三年半，出庭十數次，每一次都是律師手把手牽著我走進法庭。

我父親是奉公守法的公務人員，他一輩子沒有做過虧心事，沒有貪過一分錢。

我是他的女兒，我不能理解，沒有做錯事的我為什麼卻要一直上法庭？這件事讓我內心折磨，出庭的日子前後，夜夜夜不成眠。

因為作為公眾人物的身分，出庭時每每有媒體在現場等候。這也是我的壓力之一，作藝人多年，抗壓性早已異於常人，但一旦提到家務事，種種顧忌讓我常常不知道如何開口。

我當然知道，沈默是最好的回答。老實說，這一段過往我沒有後悔過，唯一覺得可以再更好的，是那次走出法庭時，我不該在庭外大哭。但協調庭內的劍拔弩張讓我壓力爆表，我也是人，我也感覺委屈，我也需要發洩。

如今事過境遷，我不只一次感到後悔，畢竟「焦土政策」燒傷的是所有人；如同一把雙面刃，在這場戰役中，沒有人是贏家。

2022年9月1日，我終於要簽字了。
朋友篤定地說：「妳一定會哭！」
我說我不會。

記得2021年12月時，好友見我們雙方一直沒有共識，也沒有好好談過，雙方律師各為其主、各執一詞，眼見就要永無止境地相互告下去。

　　她忍不住出面把我和對方約出來，當著她的面把話說清楚。

　　談到尾聲時，我拿出當年的結婚戒指，輕輕地放在桌上。

　　我對他說：「這個戒指還給你，它承載了這16年來的快樂和眼淚，謝謝你前半生的照顧，從此以後，我祝你幸福。」

　　結婚戒指象徵的是誓言，是永恆的相守，
　　既然兩者都已違背，也沒有留著的必要。

　　對方離開之後，我崩潰大哭，可見剛剛忍得多麼心碎。

　　我哭，當然是因為捨不得，
　　捨不得的，不是那個人、那個舒適圈，而是我所有的過去。

　　所有的往事在我腦中一幕幕飛過，我道別的，是我所有的曾經，
　　那些幸福歡樂的片段，
　　當然還有數不盡的寂寞和悽苦。

　　從那天開始，我沒有再見過對方，連在法院離婚，對方都是視訊簽字。

　　我的眼淚，在2021年的那一天，總算流到盡頭……

回頭照顧那個傷痕累累的自己，
我決定要很用力愛她。

朋友問我：「還完婚戒之後，妳真的不哭了嗎？」

是真的，因為傷心已經不再。
人的感情很奇怪，
當那個按鈕關掉以後，就不會再打開了。

「但，10幾年的感情，感慨、傷心，妳都沒有？」
「真的沒有。如果不是有2個小孩，我幾乎要忘記我
嫁過人。」我真沒有開玩笑。

她大笑，又問：「那麼那個按鈕是馬上按下去就關
嗎？還是要按很久才按下去？」
「其實前面已經慢慢在關了，還完戒指、爆哭完之
後，真的再也無感，現在叫我哭也哭不出來。」

我真的是一個很特別的人，
也絕對不是一個敢愛敢恨、提得起放得下的人，
全部的過程，是經歷了3年半的淡出，
說完再見，就真的再見了。

那天，我其實也不全記得自己說了些什麼，當時的心境，肯定很感傷。

　　我最後一次很仔細端詳對方的臉，然後就完全delete掉，像刪除電腦檔案一般，完全不剩了。

　　不留遺憾的心，才能正確地往前走。
　　我可以很愛你，
　　也可以回頭很愛我自己。

終於下定決心，
這是送給自己 50 歲的生日禮物。

很多人問我：既然想離婚，為何不早一點？40歲離婚，想二婚還有很多機會，甚至可能再有孩子；拖到50歲，很多機會都渺茫了。

就像我演出的《婚姻結業式》那樣，劇中的趙丹丹在50歲之際，突然間覺得她無法忍受，想要和先生各過各的。

50歲真的是一個關卡，之前彷彿可以把生活切一半，只看自己想看的部分，婚姻生活中只在意孩子的所有細節，配偶是虛擬存在的人物。

我一直持續閱讀許多和我相等年紀女性的心情文字，努力想像未來生活的藍圖。

我深深知道，一段關係的惡化，只會愈來愈加劇；當然不是沒有進步的可能，但那必須2個人都同意並且努力。

人心，在愛情面前就是如此卑微，逝去的，就是消失了⋯⋯

在我人生的下半場，我到底想要過什麼樣的日子？繼續茫然，把自己的心塞進身體的最深處、當它沒知覺，還是站起來賭一把？

思考了將近10年的問題，答案終於在最後幾年開始具體化，在50歲生日前夕，默默地我下定了決心。

我只是下了決心，但真的毫無準備。我和前夫認識40天決定結婚，離婚卻經歷了3年5個月，中間有無數的彼此傷害、和一抽屜裝也裝不下的存證信函。

　　每次去離婚調解庭時我都極度痛苦，在恩愛時見不到的場面，在那一刻都像鬼上身一樣。
　　妳不禁懷疑：「眼前的這個男人，我真的認識嗎？」

　　有一次出完庭踏出法院時，媒體問我：「聽說妳要爭取高額的贍養費？」
　　雖然我是公眾人物、抗壓性異於常人，在那一刻也被擊敗了。

　　2004年週刊事件之後，我們曾經在律師見證下簽過一份協議書。但我的律師芳玉和我從來沒有在法庭內提到協議書的部分，卻被對方拿來當作攻防的戰略。

　　這之間我的臉書湧進非常多的爆料訊息，甚至有網友索價30萬元要販賣她拍攝的相關影帶和照片，為了想要獲得更多證據，我不計一切考慮花錢去買。
　　種種的表現，都很像發瘋的前兆；
　　離婚這條路，比我想像中的還要難，而且艱辛。

我很感謝我並沒有瘋。

我後來決定讓步，接受對方提出的所有條件，也放棄所有追訴權，當然侵害配偶權也撤告了。

唯一的要求是我一定要拿共同監護，而且我去新加坡時，可以和他們住在一起。

我不希望我的孩子有一天認為我放棄婚姻，也放棄了他們。

我不要我的孩子傷心。

官司打了3年半，孩子都長成青少年了，朋友勸我：再過幾年，他們就成年了，這個監護權很重要嗎？

可能他們都認為我很傻，可是我就是要，我堅持起來的時候，真的是誰都說不動的。

2019年4月我提離婚，

6月大兒子小學畢業，兩個兒子就火速被送往新加坡。

雖然之前婚姻還完整時，我和他們父親曾經討論過，之後孩子們應該會送去新加坡受教育，但一切如此迅速，讓我措手不及。

我的律師芳玉當時曾經問我：「妳是孩子的母親，監護權還沒有判，妳有一半的權利。如果妳不捨得孩子出國，我可以申請法院禁制令，他們到機場就會被攔下來。」

我回家想了整整一夜，我說不需要。

　　我的大兒子在台灣讀私立小學，他極度不適應，年紀愈長愈明顯。

　　我愛我的兒子，我不希望他痛苦。媽媽應該站在孩子的立場為他設想，而不是只想擁有、甚至將他們當作籌碼。

　　而且我是公眾人物，之後這場離婚不知道會鬧到如何腥風血雨，可能也不堪入目。我不願意我的孩子在這裡受折磨，被他人議論。

　　就走吧！

　　媽媽受得住，只要你們安好。

　　我要的共同監護，

　　是我想用母親的眼睛，

　　親眼看著你們成年。

在一段關係中被遺留下來的那個人，
最苦。

兒子們每次出國的時候，都是由他們爸爸的司機送。

前幾次我都是開著車在機場等他們，2個兒子輪流抱抱親親之後，目送他們進入候機室，然後開車一路哭回台北。

原來，中國人說的「骨肉分離」是這麼刺骨，如此錐心。

他們在2019年6月離開台灣、前往新加坡，2019年11月新冠肺炎在大陸武漢爆發，2020年3月各國開始輪流淪陷，台灣也採取鎖國政策。

新加坡是個商務繁忙的國際化城市，很快地也擋不住疫情的肆虐，除了鎖國，也限制當地居民的行動；學生在線上上課，長達數月，不只在家學習，也禁止外出。

那時我正沒日沒夜地在拍三立的八點檔，有空檔時才能打電話給他們；他們關在家裡都很沮喪，而我更沮喪。

每次在路上看見他們之前小學的校車，我都會不自覺地默默開車跟在後面。雖然他們其實沒有坐過一天校車，每天都是我接送上下學；在路程中我們母子聊天說笑，是最甜蜜的一段親子時間。

突然間失去了這段時光，彷彿人生的重心瞬間消失，我惶惶不知終日。

望著眼前的校車，想著過往種種，我的眼淚流到擦也擦不盡。

我也會跑到校門口去坐著，想像他們下課排隊出來呼喚媽媽的樣子。

把這些往事在腦海都想過一遍之後，心上破的那個大洞，好像也被填補一點了。

這是我內心最痛的傷口，這個祕密我從沒跟孩子說過。

記得有一位朋友跟我提起，她小學時父母離異，被安排和祖母一起生活。祖母不喜歡她母親，逼得母親想她們時，只能偷偷跑去學校看孩子。

她媽媽的生活條件並不好，每次見面還會想著買麥當勞給她們吃，只因為孩子愛吃。當年的麥當勞算是奢侈品，她媽媽看著她吃完，隨即就要上公車走了。

每一次，她都刻意慢慢吃，但再慢，還是有吃完的時候。

我永遠記得她說這話時的神情：「等公車來了，媽媽上車走了，我一直看著公車開走，拚命掉眼淚……每一次都是這樣。」

我深深知道，除了我痛，我的孩子也很痛苦。

我們彼此都不能說，但我不希望我的孩子想起我的時候，是和眼淚為伴。

我衷心希望他們想起媽媽時，只有開心的記憶和微笑。

人生很多時候不盡人意，如果可以家庭美滿，誰願意破碎？

事已至此，我願意盡我的全力彌補，希望在已然破落的這扇窗之外，可以讓我打開另一扇完整的窗。

說不出來的委屈，不代表不委屈。

我拍的《婚姻結業式》談的是卒婚，這是一種新形態的婚姻關係。

夫妻關係走到盡頭，由於種種因素無法離婚，例如考慮家人朋友觀感，小孩無法切割，財產分配複雜，甚至是法律程序繁複，因而選擇的另一種方式：夫妻不簽離婚協議書，只是雙方分居，或是同處一個屋簷下，各過各的。

就如同我飾演的趙丹丹在劇中的對白：「你過你的生活，我過我的日子，我們各自交各自的朋友，互不干涉。」

這樣的生活我也有過，而且長達10年。

雖然沒有談到要卒婚，但我的生活其實真的像喪偶式育兒，幾乎很少看見配偶。當然換另一個角度來看我很自由，可以任意決定在那個家裡我想安排什麼，想帶小孩去哪，或是想為他們報名什麼課程。

但在我的內心深處，一直感到空虛寂寥，這樣的婚姻生活從來就不是我所期待。

人的關係千絲萬縷，隨著時間空間彼此消長，有時對方不情願，有時自己覺得委屈，都會因此影響之前雙方的平衡模式。

我嚮往簡單明瞭的關係，如果婚姻關係沒有一加一大於二，甚至在心靈層面是形同陌路，那麼無論多麼痛苦都應該有所突破，還給彼此一個重新開始的機會。

「決定離婚」前的掙扎很艱鉅，「決定離婚」之後的過程很撕裂。

　　所謂的「重生」，原來是要經歷過挫骨揚灰般的痛苦試煉，才能如破繭而出的彩蝶，翩翩飛舞著。

　　只要做了決定，就要勇敢向前，所有疑慮都是未決定之前的事。

　　無論先前的過程有多麼難堪，當我拿到法院認證的離婚協議書之後，一顆心終於落實，我終於獲得法律認定的單身身分，從此自由了！

　　那天，我真的覺得陽光特別耀眼，我又有張口呼吸的生命存在感了。

心，這東西很貴，給對人是無價，
給錯人一文不值。　　——亦舒

簽完字之後我才發現，原來離婚比結婚得到更多祝福。在破敗的紅燈下站三年，也不是全無所獲。

我默默療癒著內心，以致現在我可以真實面對未來的人生，

誰說這不是最對的時間！

治癒人心的，從來就不是怨念，而是溫暖善良的希望。

心，這東西很貴，給對人是無價，給錯人一文不值。

如果錯付了，就一點一滴收回來，

只要心臟還跳動，總有一天會痊癒，

總有一天，我們會若無其事提到那個人，就像每天身邊經過的路人甲，

總有這一天……

我們始終是有選擇的！

熬過一段不為人知的艱難歲月，
就會像火車駛出隧道，溫暖和光明撲面而來；
也才會發現，原來世界可以如此和顏悅色。

置之死地才能後生，
沒人希望有那樣的經歷，
但是在那當下，往前看未來還有大半截的人生，
選擇有千千百百種，
該怎麼走？
何去何從？

鑰匙其實是緊握在自己的手上。

沒有一個冬天不可跨越，
沒有一個春天不會到來。
中間過程要經歷多久不知道，或許沒細想就過去了，
終點，其實一直在那裡……

最受傷的感覺，
常來自被最愛的人傷害。

因為太愛，因為在乎，所以忍耐，但時日愈久，痛苦愈多，

漸漸地就變成憤怒，變成拔不去的苦毒……

如果可以原諒，從心底饒恕，

其實是給自己一個自由的機會，

不要再被情緒綑綁。

不再怨恨的心，

多麼珍貴！

原來，我喜歡在海裡游泳，在天空飛翔，

因為自由的感覺，

最輕盈！

「愛是不張狂 ，不做害羞的事」，

做到只給予祝福，

默默地給予愛的力量，去支持自己所愛的人。

這樣的愛情，

我願意相信，

它真實存在。

一路走來，都是眼淚；
一場戰役，全是輸家。

　　那時我還在拍三立的八點檔，日以繼夜。在人前我看來正常，只是瘦得像鬼。

　　戲裡哭，回家也哭。

　　我不知道哭了多久。

　　我搬去一個很小的房子，家裡什麼都有，就是沒有人氣。

　　我的人生中從來不曾沒有家人在身邊。婚前和家人住，婚後我有兩個兒子，我喜歡家人圍繞的感覺。

　　突然間，我被迫必須一個人生活。

　　人生的際遇，永遠無法預期。

　　我到50歲才開始學習，一個人到底該如何活著的能力。

　　這場戰役持續3年半，耗費了我所有的精力，還有金錢。

　　結束的那一天，我只有雀躍，

　　我終於可以自在面對這個世界了。

　　我自由了！

錯了就撤，認賠殺出，
傷心真的不要太久，時間比金錢還寶貴。

　　我在27歲那年忍痛和相戀7年的男友分手，離開時還是深深愛著他，天天無法克制地在片廠流淚。

　　有一天，鳳書把我拉到角落，很認真地對我說：
　　「這團垃圾如果妳一直抱著，永遠就是一團應該要丟棄的垃圾。妳要不要就趕快丟垃圾桶了？」

　　事隔多年，我依然清楚記得她當時說的每一個字，
還有我那滿臉的淚水……

　　那個我用了7年人生、用心珍愛的前男友，有一天終於找到我跟我說：「對不起！」

　　在那一刻，我總算甘願。真的很奇怪，我對於某些事的是非黑白非常糾結執著，往往就是要等到對方跟我道歉，才能徹底放下。
　　如今想想，一句道歉有什麼了不起的呢？
　　莫名地浪費了這麼多時間和眼淚，而延遲了康復的時間。
　　證明誰是誰非，有什麼重要的呢？
　　美好的時光和愛戀永遠也不會重來，白白虛度了光陰。

應該是錯了就撤，認賠殺出，比照買股票的概念。

傷心真的不要太久，時間比金錢還寶貴，若無其事轉身離開，反而會讓對方錯愕想念。但我真的已經不在意你是想我、還是恨我，爬起來趕緊往前走就對了。

碰到鬼就快跑，不然會卡到陰，
畢竟人鬼殊途，從不同路。

婚姻從來就不是避風港，
是 90 分的犧牲加奉獻。

婚姻是人生最難經營的事業，
涉及人性，瞬息萬變。

時代是真的不同了，對某些事，大眾的忍耐接受度
確實放寬；
但對當事人來說，卻是彷如晴天霹靂，人生驟變。
追求快樂很應該，不忘初衷是奢求。
但至少，不要將歡愉建築在他人的淚水上。
最終還是只能回到自身：
生命何等寶貴，別人不愛惜我們，
我們自己要看重自己！

婚姻是90分的犧牲奉獻，從來就不會是避風港，
總是在開獎時，才知人情冷暖。
世上所有的婚姻問題都是如出一轍，婆媳、妯娌、
小孩、金錢、價值觀、家庭觀……，只是每對夫妻間各
種問題的比重不同罷了。
必須要如此體認，
才不會期望值過高，
悔不當初。

愛的時候捧在手心，
不愛的時候重重摔下。

常見有人執著於愛情和麵包何者重要？

如果可以嫁給愛情，誰願意嫁給老闆呀！

愛情雖然有賞味期限，

但畢竟是得了自己鍾愛的，再苦也曾有過好時光，餘味繚繞；

老闆才是可以隨時把你lay off，可能連遣散費都沒有，一敗塗地。

我們都曾經聽了太多上一輩人的指示：婚姻是女子的第二次投胎。

中途出了差錯，只能徒呼負負，悔不當初。

如果不能一生一世，那就接受曾經片段的歡愉，在記憶中結一個彩帶，

美景雖不復，但過程真實存在，只要有機會，就能康復。這個機會，其實是抓在自己的手上。

餘生，還很長……

誰的內心不是五勞七傷？

也不會影響我們成為一個晶光燦爛的人。

什麼是療癒？

對我而言，療傷是一條自虐的道路……
凡是人都不喜歡面對，因為看懂現實真的很殘酷！
但如果沒有經歷這個過程，那個悲傷將永遠存在。

那個過去確實還在，
只是留在發生的地方，帶不走也忘不了。
就讓它存在在那個發生的時空中，就地掩埋……

一個朋友告訴我：
記憶就像是個抽屜，因為要求生存，只好暫時關上它。
想要看看就打開它，反正沒有任何人可以搶走。
如果還沒準備好，就先鎖上，不看。
鑰匙她會幫我保管。

時間是最好的靈藥……

有一天，我會跟我的朋友說：
永遠不要給我鑰匙，
那個抽屜，就扔了吧！

面對一個人時的臉，
會有很多心事角度……

以為自己非常愛，
也不可能全愛著，
以為自己非常恨，
也不是全然怨恨，
以為自己已經放下，
也做不到完全無動於衷；
至愛至恨至痛至委屈，
常常藏在心中層層的心室中，
不敢打開也不想讀。

人心的很多表情，
有時連自己也看不清楚吧！

低潮可以多久呢？

我有時候會不喜歡我自己，

因為覺得自己很多事情沒做對，

但我常常只給自己一天的時間低潮，之後就會逼自己趕快醒過來。上昇星座在巨蟹的我，一遇到傷心事就想躲在殼裡不見人；

但過了幾天，我會以第三人稱的姿態和自己對話打氣。

遇到事，結果可以是最好，也可以是最壞，

就好像有人可以再活起來，有人更沈淪，

端看自己如何選擇。

默默地你會發現，

其實是自己的決定改變了結局……

你有聽過心碎的聲音嗎？

兒子還小時，我常常跟他們說：

媽媽有兩個心肝，

一個是Brian，一個是Bruce。

為什麼是心肝？

因為人沒有心就活不了……

沒有人教過我們怎麼作母親，也是從看到孩子的那一刻起，

開始學習，

開始每件事都擔心害怕，

開始慢慢忘記自己原本是什麼面貌。

我人生最快樂的時光，是和孩子相處的那10幾年。

我甘心忘記我是誰，聽到別人叫我「Brian、Bruce媽媽」，就覺得幸福！

藝人的身分從來沒有讓我戀棧，我只想作一個媽媽。

相聚的時間很短，思念的時間很長。

每一刻的相處，都是在累積我日後的回憶，就像一本相簿，在未來無法見面的日子裡，一旦想念的時候，可以慢慢翻閱……

在孩子面前，每一個笑容背後，
都是滿滿的眼淚，
無須被看見，忘記也可以，
只要你們快樂，
眼淚也會承載著微笑……

笑著相聚，笑著離別

度過漫長的疫情之後，好不容易我終於可以進入新加坡去看孩子了。

這之中，我已經有一年多沒有見到我的小孩。

出發那天，弟弟一早還傳家裡的地址給我（他擔心我不會回家），

我回答他：「你放心！你下課就會在家裡看見媽媽。」

下午4:30，他突然開門衝進來，我們四目相對，

他一邊笑、一直叫媽媽、媽媽，臉上的表情有些尷尬，好像突然看見媽媽出現在眼前，讓他有點不知所措。

我很想表現得若無其事，
可惜我的眼淚，
一直從眼角噴出來……

哥哥回家時大力捧門進來，看清楚是我，亦然！

曾經失去，再擁抱時不能傷感，
要享受。

那天開始，我有好好睡覺兩星期；
過去兩年的失眠，不藥而癒……

#
有一天晚上，弟弟在上線上家教課，

哥哥問我：「媽媽，我要去買飲料，妳要跟我去嗎？」

一路上他不停地叫我：「媽媽妳要走快一點，這裡沒有斑馬線，妳走那麼慢會被車撞！」，一會又來：「妳過馬路，要先看右邊再看左邊，妳都亂看啦！」（新加坡是右駕，我真的看不習慣）

走在後面，我看著身邊這個比我還高的孩子，
此刻，他真不願意和我有肢體碰觸，
一邊想像他小時候被我牽著走路、團在我身上的模樣，
現在的他，
知道照顧媽媽了。

心裡的感覺確實複雜，
無妨，只要跟著走就好了……

帶弟弟出門，又是另一種光景。
年假前我帶他去烏節路買東西，我右手牽著他，左手提著包和買東西的紙袋，
走到一半，他突然大叫：
「媽媽！妳的手怎麼了？（大驚失色）」

看著我的手被一袋袋重物勒出的痕跡，他馬上把我手上的東西全搶到他身上，

一邊幫我搓手臂，

一邊很心痛地說：「媽媽妳不可以提這麼重的東西，真的不可以！」

從此，我出門只有右手牽著他，這小子掛著包包提著所有戰利品，像棵小聖誕樹一般。

當時他只有11歲，

他用他的方式愛惜媽媽。

#

從新加坡要回家那天，我很早就起床，穿好衣服，買了他們愛吃的早餐，

陪他們吃完早餐後，

我跟他們兄弟說：「媽媽要去坐飛機了！」

兄弟倆吵著要陪媽媽下樓，我不要！

好友的父母在她5歲時離異。

她永遠記得，

媽媽偷偷去學校看她，踏上公車離開那一刻的背影。

即使她現在已步入中年，每一次在路上看見公車駛遠，

心還是絞痛……

在一段關係、一次相聚裡，

被遺留下來的那個人，都是比較艱難的。

我不希望我的孩子記得那個感覺，
我想要他們記住的，
永遠是和媽媽一起，開心歡笑的畫面……

人生中隱藏了多少分離？
可以笑著離別，
是我這個媽媽可以教導他們的課題。

#
每天晚上弟弟都叫我開視訊陪他睡覺，他怕黑！
突然有一天開始沒有了，
幾天後我忍不住問他為什麼？
他說：「媽媽！妳不是開始拍戲、很忙很累了嗎？
我怕打擾到你。」
「那你不怕了嗎？」
他回答：「我把電燈都開亮了呀！還是可以睡著
的。」

一直以來，睡覺是我們很重要的親子時光！
在睡前講一些不著邊際的笑話，母子笑成一團，分
享當天的瑣事，
這樣的模式累積了多少屬於我們彼此的，
共同的語言與回憶。

現在他竟然長大到可以說出，不想打擾到我的貼心
話語，
但他所不知道的是，
有他的陪伴，媽媽反而睡得更安穩！

如果人生中能遇見一個可以
讓妳笑的人，請一定要好好珍惜他。

走過前半生，
哭的時間很多，
笑的片刻很少。

在婚姻面前，
也許，我們都曾經放棄過愛情：
有的是從來沒有遇見，
有時候是不得不放手⋯⋯

婚姻中的失落，
原來比比皆是⋯⋯

你有沒有在婚姻中放棄了什麼？
應該每個人都有吧！
但當時完全是心甘情願，
沒有想過值不值得。

久婚的妻子原來像寄居蟹嗎？
其實更像家中發霉的家具，
丟掉浪費，擺著佔空間，
也只是放在那裡，充當一個家庭的門面罷了⋯⋯
常常都是如此而已。

為什麼要當一件沈默不起眼、淪落到擺放在黑暗角
落的破家具呢？
當年也曾海誓山盟、非妳不娶，
時間是最難計算的催化劑，
糾結才是最耗費人心的浩劫。

如果可以家庭美滿，誰願意破碎？

華人對幸福的定義很狹隘，我們從小都是在這樣的觀念裡被制約。

下一個決定前，總是要思前想後，
但無論怎麼做，都不能算是完美。
只能兩害相權取其輕，
在絕望中尋勇氣，
在需求中作割捨。

盼望將來的社會輿論對女性立場能有更多一些的寬容和理解，
說到底，
所有的選擇和現有的安排都是出於不得已。
而檯面下的讓步當真不足為外人道，無論是和解或宣戰，都是不堪回首的過往。
所幸走過的路從來不會是白費，
我會因此而更強大。

從不羨慕別人的人生，
我永遠都覺得，
我的人生是最好的。

不愉快的記憶，想方設法從人生中 delete

　　我常常在某一個不經意的時刻，會突然想到對方曾經對我作出的一些表情。

　　言語已經記不得是什麼令人難堪的話語，但那充滿嫌惡厭煩的表情，很難自腦海抹去。

　　當下我會有一刻覺得落寞，但隨即會馬上做其他的事，來分散我的委屈感受。

　　受過傷的人都知道，在被打擊的當下，情緒是木然的。

　　那是因為心情太複雜，自己都無從分辨，表達出來的紛亂，連本身都很難整理。

　　再來可能會有「創傷後症候群」，沮喪哭泣是常有的反應，我差點想去看醫生。

　　但請相信我，時間是最好的孟婆湯。

　　可能很久，也許很快。

　　你會發現自己一天天地好起來，一天比一天更感激每天的太陽升起。

　　因為那代表自己的知覺已經開始可以感受世間的花開花落、陰晴圓缺，不再只定睛在曾經的破碎上。

　　悄悄地你會記不起那些令你戰慄的情節往事，

　　最美好的是，你會發現再想起也沒知覺，就像很久以前的過去，再也不會在心中起波瀾。

　　人生最可期待的是還沒有經歷過的未來，當想起未來可能會發生的美好，誰會在乎曾經的失落？

　　最美麗的人生，在當下，在將來。

捨得

我最不喜歡名不正、言不順，
萬事皆然。

真的不要說什麼夫妻感情不好，
離婚很麻煩，
分隔兩地很久沒互動，
另一半不了解我之類的話術。
如果我沒聽懂這些語言背後的涵義，
也不用花3年半去進行一件勞民傷財的事。

真的是我的，我不喜歡和別人分享。
如果有人要，慢走不送。

一定要告訴自己一件事：
是妳的，永遠跑不掉；
不是妳的，委曲求全也留不住。

過得好的人，才是贏家。

　　到底是誰後悔？是你，還是我？

　　負心的人因為他負心，是主動的那方，被背叛的人總是最後被告知。

　　所以，負心人應該最開心，而被放下的那位，就該一直哭泣嗎？

　　剛開始的時候，局面彷彿是這樣。

　　但日久天長，在夜深人靜時，雙方當事人難免總會問自己：有沒有後悔？

　　問題的答案當下可能很難分辨，時間拉長之後，自己心中會如明鏡一般。

　　會後悔的那一方，肯定是過得比較不如意的那人。

　　沒有比較，就沒有傷害。

　　活得很好的女人，都不是最會忍耐的女子，通常是很懂得切割的女人。

　　感情在時間的累積下編織成一張大網，當網破，也不需要魚死，

　　愛情從來就不是人生的唯一。

離婚是對的嗎？不離婚是對的嗎？

這段時間一直有人問我：「我離婚是對的嗎？」「我不離婚是對的嗎？」

我不知道。

因為每個人的故事不同，角度不同，忍耐力不同，思考邏輯不同，處理方式不同，衍生出的結論也不同。

在發生的當下，當然怎樣都不會愉快，無論選擇哪條路，未來都勢必艱辛。

但我現在可以大聲說，唯有時間可以證明一切。

等時間走過，你自己會明白，你當時決定的對錯。

撇開對方不談，如果你愈來愈強壯，打開了另一個人生，那你一定會覺得當初的抉擇是對，因為那段關係的結束開啟了你的新世界，只因為你獲得了新生。

一個新人生的開啟是多麼不容易！與其在一段破落的關係中浮沈，不如就放手一搏，成功率各半，但至少，有拚搏的機會。

但也有人從此一蹶不振，就會一直沈淪在後悔中。我相信那樣的人會一直反問自己：我為何要離婚？

我在決定前深思許久，但可怕的是我並無準備。

然而我是一個很幸運的人。

我當時抓住了很好的工作機會，保住了我的經濟需求。我周圍有一群愛我的朋友，他們在各方面給予我精神支持。日復一日，我存活下來。

　　也許很多人躑躅不前，是因為他們想不明白，而且覺得前路太險。

　　我想的是，現在不做，這樣的日子再過10年也不會改善，可是10年後，我還有勇氣嗎？

　　它將會是我人生的終結，但這是我要的人生嗎？

　　最聰明的作法是，且想且走。

　　堅定信念，儲備能量。

　　「高築牆，廣積糧，緩稱王」，這是明太祖朱元璋的治國三策、九字方針。

　　如果道路太艱險，可以把目標放遠一點。

　　先把自己整理好，留得青山在，不怕日後沒柴燒。

　　也許在築牆積糧的同時，會不經意生出另一個結果，也是驚喜。

　　至於「不離婚對嗎？」

　　婚姻是一場雙人舞，不是獨角戲，更不是默劇，

　　只靠一人是無法撐起整場戲。

　　如果婚姻中一直只有一人努力，一人忍耐，一人想要，那麼彼此只是陌生的室友，沒有交集。

　　如果對方也願意努力，那我真的想說，也給彼此一個機會吧！

有機會可以回到最初，是多麼動人的再一次邂逅！

　　家庭無需破碎，孩子有完整的父母，是多麼美好的結果。

　　但，修復比放棄還難！

　　可以咬牙下破碎的決定，重建需要的勇氣難道會更少嗎？

　　如果可以，就再試一次吧！如果彼此都有意。不要在乎別人的想法或看法，外人的觀感微不足道，必須誠實面對的，只有自己的心。

　　如果試過還是失敗，至少曾經嘗試過，餘生也不會有遺憾。

　　這些問題，在未來都會給出答案。

破碎是重建的開始

現在的女子，終於不會再懷抱著「想給孩子一個圓滿的家庭」的幻想，而粉碎自己。

畢竟那個「圓滿家庭」也是假象，戶口名簿內的夫妻名分實屬虛擬，有名無實。

世事已經如此難解，何苦再讓下一代學習這樣的循環模式。

最想要的得不到，就不要強求，
人生的完美不在於所謂的勝利組，
而是在每一次的岔路中，
總可以找到當時最好的方向。

珍惜自己，
努力將來！

願意讓步，不代表輸。

在打侵害配偶權的官司時，因為疫情的耽擱，曾經好幾個月法院都無法開庭。

那時決定離婚已經進入第三年，我對這樣被禁錮的人生，開始覺得麻木。

我曾經輾轉反側思考了這麼多年，決定給自己一個重新活過的機會，不是要在這些地久天長的等待中耗費我的生命。

3年來心裡的委屈和怨恨慢慢被時間稀釋，被身邊愛我的人醫治，已經漸漸不再夜半哭泣。

而在烽火連天中，孩子是不會毫髮無傷的。

與其將時間消耗在這些無止盡的律師函、存證信函往返中，我想趕快在孩子長成前，彌補我們曾經消失的歲月。

我接受對方提出的條件，只希望事件趕快落幕。

既然一場戰役，彼此都是輸家。

願意讓步，也無所謂輸贏。

我保存了彼此作父母的尊嚴，給我親愛的家人一個結果，讓愛我的朋友們安心，從此所有人不須再為這件破事傷神。

我竟然覺得我贏了全世界⋯⋯

情緒混亂的當下，小心傷自己更重。

我在走離婚協議過程的時候，思緒是很錯亂的。

在媒體披露我準備離婚的消息後，因為是公眾人物，爆料訊息開始如雪片般飛來，臉書和報社都有。

怎麼形容我當時的心情呢？

雖然已經準備結束，但看到那些私訊和照片時，還是感到深深心痛。

因為敘述的是多年一起共同生活歲月中發生的事。

我對自己的負面價值感達到最高點，自信心蕩然無存，我不認識這個曾經的枕邊人，我怨恨對方。

當時的爆料者中有一位提供了很真實的照片和敘述，還有可以一刀斃命的影片，開價30萬元，她要我用錢去買。那時已經陷入瘋魔的我，一口答應。

報復的心，像野火蔓延。我覺得亢奮又痛苦。

離婚戰場一啟動，我開一槍，對方就丟一顆炸彈。彼此常常自以為占了上風，但後面的反噬，往往血流成河，哀鴻遍野。

像烈火一樣燃燒的憤怒，在極度的不甘心下肯定會傷到對方，相對地自己也不可能全身而退，焦土政策毀滅的，也包含自己。

當時的我消瘦到人生最頂峰，洗澡時不敢從鏡中看自己的身形，眼神渙散，活像一隻鬼。

我不認識我自己了，這樣值得嗎？

原來感情這件事，講的是運氣。
運氣不好，就認賠殺出。

之前很多時候我會想，
現在不太好，也許有朝一日會變好。
其實一段正在腐爛的感情，
不會迴光返照，假以時日，只會更加醜陋。

在愛情面前，人心就是這麼卑微，
給自己的是希望，
也許是永遠也到達不了的彼岸，
但日日捧著這個盼望，也是一個美夢。

我不會說：「在愛情裡，不被愛的才是第三者」，
畢竟婚姻裡除了愛情，還有更多。
但如果不是被愛的那個，我樂意成全。
轉身離開，才會有無止境的念想留下，
雖然我早已不在乎你怎麼看我。

在轉身的那一剎那，
就決絕地跟過往說再見吧！

我剛搬出來時，住在一個很小很小的房子裡。

我坐在沒有家具、沒有家人的客廳裡哭，爸爸先衝來我家看我，未語淚先流。

他撐著因氣切而沙啞不清的嗓音，第一句說的是：「我再活也沒有幾年了，本來以為妳會幸福……」

孩子出國，我飛車到機場送他們，目送他們進入候機室後，一路大哭回台北。

這些往事，很多次都覺得心痛難抑，彷彿下一秒就會停止心跳，

但我默默地還是走到了今天。

過程雖不美好，

但結局是對的。

何必掙扎在無法改變的過往，

人生很長卻也短暫，

希望會破滅也會再生，

珍惜自己，也是珍重所愛之人。

在決定轉身的那一剎那，

就決絕地跟過往說再見吧！

重新清理戰場

　　我的離婚歷程經歷3個法院：士林地院，台北法院，新店法庭。

　　終於在新店家事法庭達成共識，2022年9月1日正式簽字，結束3年5個月的心靈煎熬。

　　走出法院那一刻我望向天際，

　　深深覺得那一刻的空氣才有自由的味道。

　　9月20日我辦恢單party那天晚上，朋友們買了很多漂亮的氣球，晚上9點多，我們一群女生們站在餐廳外面放氣球。

　　嘻嘻哈哈中看著氣球升空，確實每個人的心中都很感慨又雀躍！

　　凡事已過，無需戀棧。

　　從今往後，自在生活。

　　繽紛色彩的氣球，象徵我曾經被眾人羨慕的人生，伴隨不堪回首的過往，飄向天際不再回頭。

　　逝去的已經逝去了，

　　從此就是一個新造的人。

　　之後，確實我不用再跑法院、收存證信函、和律師見面、想對戰守則。奇怪的是，有很長的一段時間，我的人生停頓，做什麼都沒有滋味。

很像大戰之後被掏空，需要清理遺留下來的戰場。

　　我想，是那個時候才有空間處理自己的情緒吧！

　　還有在交戰時疏忽的，身邊人的感受，特別是孩子。

　　我在離婚過程中消耗殆盡的一切，在後面這一年慢慢重整。

　　當中有唏噓、有悔恨，也有突然想不清楚的糾結，但都很快被我積極想往前走的決心消滅。

　　我人生中最灰暗的一頁，總算翻過去了。

　　再來，我只要學習如何珍惜我自己，還有身邊真正值得的人。

　　我告訴自己，無論如何，

　　都必須比之前活得更燦爛！

　　才能無悔走這一遭……

我的離婚宣言

　　我的離婚官宣是這麼寫的：

　　「在破落故障的紅燈前停滯太久，消磨殆盡多少人生的目標與意志。

　　從今爾後，

　　我是自由的何小姐，

　　2個孩子永遠的媽媽。」

　　所謂「破落故障的紅燈」不是指我所處的環境，而是我的心境。

　　一件事一直懸而未決，彼此的攻防，在在衝擊著當時已經不堪一擊的我的心志。

　　自由的何小姐，代表不再被綑綁的我，終於可以慢慢撿拾剩下殘餘的自信，重新建立起我的原貌，雖然在那時我也看不清自己原來是什麼樣子。

　　禁錮的心令人窒息，

　　自由的那一刻讓我活轉，

　　只要可以重新來過，

　　永遠不晚。

change...

Chapter 2

蛻變

不要猜測別人的眼光，人生苦短又甘甜，應該專注在自己的人生路。

必須感謝現在的時代變遷、社會進步，對離婚婦女有著比過往更大的包容和理解。

我拿到法院寄來的離婚協議書之後，馬上找時間去戶政事務所辦理離婚登記，和更換新的身分證。

由於經過法院協議離婚的協議書具有法律公權力，夫妻雙方不需要再約時間和證人同時到戶政事務所辦理離婚登記，省卻又一次雙方見面有可能發生的劍拔弩張。

猶記我辦完所有手續、拿到新身分證要離開櫃檯之前，在轉身之際聽見櫃檯內的小姐輕輕說：「何小姐！恭喜妳！」

那一聲「恭喜」讓我印象深刻，

我望著她的眼睛，她的眼神所流露出的憐惜和祝福，是我這一生不會忘懷的感動。

我記得念小學時，同班同學有一個女生父母離異。雖然她每星期六的便服日都穿著沒有同住在一起的媽媽買的、全班最漂亮的洋裝來上學，私下裡同學們還是對她議論紛紛，她其實在班上沒有什麼朋友，非常孤單。

如今幾十年過去，台灣離婚率居高不下，單親家庭在如今的社會上比比皆是。家裡只有爸爸或只有媽媽，甚至是跟著祖父母、外公外婆、姑姑阿姨生活的孩子，不計其數。

在母親的心裡，只要孩子可以健康成長，其他的都不算是難題了。

　　無疑家庭是我們人生最堅強的後盾、最安全的避風港，但當這個港口被颱風摧殘，也不應該影響我們成為一個成功的人。

　　所謂的「成功」，並不意謂學歷多高或錢賺多少，而是心理健康，內心強大，有著積極人生觀去面對變幻莫測的未來。不驕矜不害怕，不躁進不退縮，擁有面向陽光的正面心態。

　　對於失去原本經營的人生舞台的女人而言，我們同樣有一段艱難的恢復期要去度過，步步艱辛，戰戰兢兢，常常是前進一步、卻又後退數步。然而只要堅持方向，終會迎來柳暗花明的那一天。

只有自己幸福了，才能照顧心愛的人。

女人50+，怎麼可以沒有朋友？

單身派對時，芳玉見到我的朋友們，心有戚戚焉地跟我說：

「看到妳的支持系統，太感人了……」

與會的只有18個人，與其說是「單身派對」，不如說是「感恩之夜」。

這些可憐的朋友們，每個都看過我哭：

有時在深夜，有時在清晨，有時在工作中，有時在半路上。

有人陪我吃飯，有人給我飯吃，有人幫我找飯吃；

有人陪我說話，有人陪我喝酒，有人幫我療癒。

我一直想，有一天我完成了這件事，一定要親口告訴這些朋友，她們每個人在我生命中的涵義。

我要一個一個說，每個人在我心中都有不同的故事。

那是一個很開心的夜晚！

我的每個好朋友們是真心歡喜，

而我因為成就了這件事，內心覺得輕鬆。

我抱著友人們，一個個絮絮訴說屬於我和她們每個人的故事，總共18個，一邊說一邊笑一邊流淚。

　　如果我不說，

　　妳怎麼會知道我為什麼這麼愛妳、感謝妳？

　　妳怎麼會知道妳在我生命中的意義？

　　我一直是個很單純的女子，沒有顯赫的家世，思想也很傳統，

　　我結婚的初衷是「從一而終」。

　　當局勢變化到連自己都無法應付時，我終於理解，

　　只有我可以更幸福，

　　我才能照顧心愛的所有人。

　　祝福所有人生曾經被摧毀過的人，

　　相信你們都可以重新再啟航。

雖然多有缺憾，但縫縫補補後，
又是嶄新的人生路。

　　我從18歲起就一直在尋尋覓覓一份不渝的真情，小心翼翼地渴望把真心捧給那個人。或許這想法在現今這時代看來很天真，但那真的是我一生以來最渴望的追求！

　　《女人我最大》20週年記者會中，心湄姐曾提到我：「她剛開始來上節目時，因為她還在辦這件事，她很怕大家和她聊天。我們一直教她放鬆，慢慢鼓勵她，也看見她慢慢找到自信……」

　　在混亂中出走，一夕之間，失去所有，何止是自信，我是完全不再認識自己了！

　　雖然常常有女人為難另一個女人，但女人之間就應該是彼此最強的後盾！

　　雖然在很多地方都有缺憾，但縫縫補補後，又是嶄新的人生路！

　　那慘不忍睹的一頁，總算翻過去了……

人生銀行，有存就有得。

　　八點檔的戲拍了很久，殺青之後我也沒閒著。殺青酒那天爸爸進了急診室，因為感冒發燒引發肺炎；這些年我已經知道，只要爸爸一發燒，趕緊送醫院就會平安。

　　李燕知道了很心疼，她說：「妳怎麼事情這麼多呀？」

　　我想想，雖然不理想，但還是幸運：還好戲已經殺青，我不必每天在內湖攝影棚和天母醫院間來回奔波。

　　原來，每一個安排都是最好的安排！
　　誰的人生不是磕磕碰碰？
　　千難之後還有萬難……

　　年輕的時候只會戴著頭盔一味往前衝，想著我只要過了這關，就可以得到幸福。
　　當然，人生真的沒有這麼單純。

　　這個時代的女性比以前的女人幸運！
　　上一代的女子，人生只有一條路，走壞了就是一輩子；
　　還好這個年代的我們，還可以選擇。

這些天我一直在想，老年的生活怎麼過呢？我好像離那天也不是很遠了⋯⋯

單身不是問題，獨居也ok，

人與人之間有一本很重要的「情感存摺」，我努力在現在的時候，真心認真把這本人生銀行的存摺存好存滿，好好地跟朋友情感交流，活在當下。

而我的婚姻，就是定存到期提領出來，利息是兩個可愛的孩子。

多麼值得！

所有人都怕我一個人在家會出意外，我妹妹和經紀人說他們每天會打電話給我，

李燕說她每天要吵死我，

郁方教我每天一定要發文，我提到將來想去住安養院時，她說我們手牽手一起去吧！

這個人生銀行，有存就有得，而且是複利計算。

雖然，當我存的時候，從來沒有想過你們會怎麼對待我，

但我還是微笑。

謝謝你們，

這都是愛！

每天進步一點點也好！

製作人曾經問過我：「當時，妳在那樣心力交瘁的時候，怎麼還能繼續工作？」

因為，當我化好妝的時候，我就不能是我自己，我的喜怒哀樂都要努力塞在角落裡，不能想，不能看。

我常常半夜起來哭，我希望我哭著的臉只有自己看到。

同樣的一張臉，人們愛看的是笑著的臉。

一個離婚近十年的朋友說，那段日子，白天她穿戴好去上班，晚上回家哭。一開始哭一整晚，後來她覺得不行，每天設定鬧鐘只能哭3小時、2小時、1小時、45分、30分，哭超過了時間，還會自己打自己耳光。

但也是她告訴我：

1.01的365次方=37.78343433289，

1.01=1+0.01，

只要每天進步一點點，1.01的365次方，一年以後，你將進步很大，遠遠大於「1」。

進步雖然是龜速，但總會脫離那個

悲傷的自己。

現在，單身已經過了一年八個月，
天，真的漸漸亮了，
雖然這條路還沒真的走完……

我想跟我自己、還有所有受傷的女人說：
「龜兔賽跑」的烏龜看起來雖然很笨很蠢，過程也
令人氣餒，但牠卻是千古的贏家！

我真的也很喜歡自己的笑臉，
期待委屈愈來愈少，
沒有怨恨，只有感謝，
是真心的笑臉！

你現在的氣質裡，
藏著你讀過的書，走過的路，愛過的人。

—— 電影《Casablanca》

那天和一個知名作家在LINE上對話，她說被劈腿之後，心裡的創傷很大！

我跟她說：「我被劈得應該全華人圈都知道，看了一年心理醫生，以為厄運已過，沒想到10幾年後更慘……」

她回我：「妳贏了！跟妳相比之下，我應該只是輕傷……」

逝去的永遠不會再回來了吧！
就像飯店永遠不能賣昨天的房間，
今天永遠比昨天老，
再幸福的當下，明天也只能稱作是回憶，
人也是，愛也是，感覺更是！
消失就消失了……

創傷沒有比較級，
痛就是痛，
每個人的缺角都不一樣。

但是，
你現在的氣質裡，
藏著你讀過的書，走過的路，愛過的人。
痛過的傷，也會存在你的氣質裡。

如果我可以安慰到你，
我真的很願意！

30 / 40 / 50

很多人在我的粉絲頁上留言給我，告訴我他們心碎的故事。

我30歲失戀的時候，痛苦到常常和別人對話時眼淚就流下來，過了很長一段如同行屍走肉的日子。

40歲時受洗成了基督徒，是因為心裡有一塊是破碎的。在教會看見很多人和我一樣哭，才知道，原來每個人的人生都是有缺角的，無論背景環境如何，都有自己要過的坎。

痛是可以忍受的，
而且，走過會明白。

我當然最喜歡現在的自己，
因為我可以站在一個更高的位置回頭看自己。
雖然沒有30歲的顏值，
但我有當年沒有的思想和高度。

命運對我愈殘忍，
我就會愈強大！

當年的我確實很天真，不知道後面還有風浪。
而人生的情義，
時間會看見，
歲月會證明。

祝福所有現在仍在黑暗中匍匐前進的人，未來的路
一定會愈走愈光亮，
也要珍惜在路上給過我們光的人！

作自己的太陽

　　很久不見的朋友一見到我，總要細細端詳，然後呼出一大口氣，接著緊緊擁抱我，大呼：「妳看起來很好，這樣我放心了！」原來，我曾經讓很多人擔心過，真該死！

　　我常常睡醒時是在沙發上，因為蜷著身體讓我有安全感；我不想睡也不想醒來，上法庭令我焦慮，接觸人群讓我很驚慌。

　　禱告的時候，更常常問上帝：「祢睡著了嗎？」經紀公司老闆曾想安排我去看心理醫生，我很認真想：我不能醫我自己嗎？

　　我應該是全世界最了解自己的人。

　　我很天真，我很愛笑，我很努力，我很善良，我很熱情，我很有趣，我想把我的人生好活活滿，我遇到的困難幾乎都可以跨過，我不相信這一次我沒辦法。

　　我的人格特質，會逼迫自己一直往有光的方向走，

　　當然身邊的人給的幫助很大，人本來就不能離開群眾生活。

　　「活在當下，為自己活」，其實真的不容易，人與人的關係本來就千絲萬縷，但慢慢地也會懂得怎麼取捨。

　　有時當然也會感覺孤獨、寂寞和沮喪，但那都是很小的部分，可以克服。

　　當克服了最大部分，其他也不會太難了。

　　我喜歡早晨看見落地窗外的陽光普照，

　　讓我覺得我可以一直微笑下去。

有時，就放過自己吧！

有位心理學家曾說：

每個過度，都是傷的證明；

過度努力的鏡面，照出不放過自己的你⋯⋯

我開始回想，

小時候我們被教導：跌倒了要趕快爬起來！

我們是爬起來了，可是內心還在驚嚇，那個恐懼並沒有過去。

我想到Brian曾問我：「是不是我和弟弟不乖，你們才要離婚？」

我開始回想，我一直這麼努力生活，要求自己達到極致，是不是起因是我真的覺得自己不夠好？

所以努力想要證明，

證實我值得被珍惜？

答案的結果，是安慰了自己，

還是滿足了他人？

有時，努力過後，請告訴自己：我真的已經夠好了。

珍惜疼妳的人

我的朋友們最常跟我說：
「謝什麼啊？
妳給我好好活著就好……」

猶記當時我要搬家時，她們跑來我已經開始整理裝箱、亂七八糟的小窩，整間屋子看完之後，很嚴肅地跟我說：
「妳先打包一些小東西，其他的我們來幫妳收。」

搬家前2天，又忍不住一直叮嚀：「搬家公司估價如果超過2車，妳就叫他們不要出第3車，剩下的我們來幫妳搬，聽到沒有？」（又囉嗦了一堆才走）
我的天呀！那些櫃子有多重呀！

她們想幫我省錢，我知道。

只有真正愛惜你的人，
會心疼你，捨不得你；
其他的人，
說的真的都是鬼話。

我發現這幾年總算長了智慧，
懂得人和鬼的區別……
為時未晚！

玫瑰的花語是什麼呢？

我曾經走在路上，有陌生粉絲送我花，
她說：「何小姐要加油！」

真的不要怪我，
當時我低頭看地上，不是不喜歡，
是因為眼眶紅了，怕笑著笑著眼淚會滴出來。

原來大家都知道我最喜歡玫瑰。
謝謝妳！

當孩子不在身邊

有一天，Bruce在早上打電話給我，

他很少在早上打電話來，講了幾句話之後，我問他：「發生什麼事了？你不開心嗎？」

他馬上大哭起來

原來是兄弟吵架……

這種情形，當他們住在台北時天天發生，我幾乎每天都要大吼大叫、拆開正在打架的彼此，安慰哭泣的那個，然後發火到處找棍子。

現在他們人在幾千哩外，我不能這麼處理。

我和兩兄弟分別講完話之後，開擴音和他們兩個同時對談。

我提到我小時候很討厭我妹妹，覺得她很煩又很蠢；

但長大之後，無論發生任何可怕的事，只要回頭看，她都站在我身後挺我……

我常常覺得兄弟姐妹不合，母親難辭其咎。

我的媽媽從來沒有特意教導我們要友愛，但她的身教是，她對她的所有手足都尊敬愛護；

我自小看在眼裡，結果我愛我妹妹比愛自己還多。

男孩子遇到事情的處理方式通常很粗魯：
明明是善意，卻要搞得好像彼此不共戴天；
明明很愛對方，卻要出言不遜。

說了很久之後，我問他倆:
「現在覺得好一點了嗎？」
他們同時回答：「妳問他呀！」（笑了！）

電話掛了之後，我呆坐了很久。

教養很難，不在身邊更難，
如何在關鍵時刻出手，
總是要想了又想，修正再修正。

這也是分離教會我的事……

那些屬於永恆的

晚上例行地和兩兄弟通電話，

弟弟說：「媽媽！哥哥的朋友問他知道我的生日快到了嗎？哥哥跟他說，我不知道他的生日，我只知道他的忌日。」

Bruce氣到又哭了……

哎喲！我忍不住很想笑，這個哥哥怎麼這樣說話的呀！

我只好安慰弟弟：「哥哥嘴巴臭，亂說話，我會叫他好好刷牙！」

想起小時候和我妹相處，也是一天到晚罵她愛哭愛跟煩死人，一定要鬧到她到我媽面前告狀，我被揍被罰跪為止，也不知道這樣圖的是什麼？

所有的回憶，就是這樣日復一日地相處堆疊起來，

很多年之後，有一天我妹跟我說：

「姊！我永遠記得我剛上五專住校時，妳跑來學校看我……」那時她剛上五專，學校規定住校，她嚴重適應不良；我聽到她在電話裡哭，大三的我馬上開車衝去學校看她。

後面的事我都不記得了，

但對她而言，可能是很難忘的一次感動吧！

當年我在拍三立的八點檔，忙到常常沒有時間回家，

　　她只要聽到我媽說當晚我沒班，即便我回家也只是睡覺而已，無論如何她都會放棄一切馬上跑回家看我，然後像貓咪一樣躡手躡腳走進房間，在我床邊輕輕叫姊姊……

　　人生很奇妙！

　　養了孩子之後，好像把過去的一切都重新review 過一輪，

　　這些令人會心一笑的回憶，才是激勵我們往前走的動力吧！

不要小看自己重生的潛力

一個女人在面臨她的世界極度崩壞的時候，會有什麼反應？

很多人看見女人的情緒只是一個片段，

但這個情緒的複雜點和轉折，其實是百轉千迴，瞬息萬變。

愛與恨真的只在一線間，唯有當下的炙痛是一直存在。

在這個過程中，思考邏輯和作法會一直改變，

焦土政策或堅壁清野的念頭會一直在內心交戰，這不就是人性的矛盾拉扯嗎？

畢竟我們只是人，不是上帝，

我們有七情六慾，我們會因喜悅而快樂，我們也會因痛苦而絕望。

會因曾經的美好而想放下，

也會因累積的委屈而燃燒。

為了克制即將爆發瘋狂的心，當時我用日以繼夜的工作壓抑，

我在法庭外失控痛哭，是因為我真的委屈；

我沈默不語，是因為我不想再被攻擊；

我安靜，是因為我需要時間思想。

最終我花很多時間和自己對話，想和自己和解，
我想用自己的角度，安慰另一個奄奄一息的我。
我跑到大自然裡尋找最初的自己，
我想尊重自己心底，最起初和最終的願景，
不只是對未來的人生，還有我曾經歷的過往。

致所有受傷的女子：
無論多麼絕望，都可以有再重新創造幸福的機率，
這把鑰匙，其實一直都放在妳的口袋裡。
認真仔細走每一步，
錯了縱使無法回頭，也可以修正，
只要還有呼吸，一切都來得及。
不要輕忽自己的潛力，
每個人都可以是重生的，鳳凰。

讓陽光照進來

在處理離婚官司時，有一次芳玉律師上方念華老師的節目《看板人物》，我幫她錄了一段訪問。

某日芳玉打電話給我聊案件處理細節，突然輕輕說起：

「那次進棚錄影時，我一看見妳的畫面出現在monitor上，忍不住哽咽。」

她不知道，我在電話另一頭也已哽咽……

看著這影片，
只覺前後三年，判若兩人；
挫骨揚灰後，恍如隔世。

我曾經堅信丈夫是我的天，
不曾想過，
有一天天塌了，
一手建立的家破了，
留在原地的那個我，最破碎！

我不是名女人，
我只是一個，經歷挫折需要幫助的女子。
真的不可以再回頭望，
忘記背後，努力向前，向著標竿直跑（腓立比書3-13）。

只要抬起頭，
陽光會從任何角度射進來！

手足是人生最好的禮物

因為媽媽住院，妹妹短暫來我家住幾天。

昨晚半夜收工回家，發現家裡一片黑，原來她回家了，心裡感到一陣落寞……

婚前一直和家人同住，天天都享天倫。

當年常常拍戲拍到幾天幾夜睡在攝影棚沒回家，我妹會每天問媽媽：「姊姊今天回家嗎？」

如果答案是肯定的，即便她晚上有約，也會立即取消約會、趕回家陪我。

我通常一回家就昏睡，記憶中她每次都像小貓一樣悄悄開門，在我床邊輕輕叫姊姊……

看著我睡覺的臉，她也心滿意足。

有了孩子之後，我們常常帶著孩子四處旅行。

她是理所當然的隨行保母，

孩子剛出生時整夜不睡，她和我輪流抱著孩子坐在沙發上，徹夜如此。

她不只陪伴我，

也愛我的孩子。

她常常說百年以後，要將她的所有留給我的兒子，

她愛他們的心，不亞於我這個母親。

前幾天她突然說：「姊姊，之前我覺得妳有憂鬱症，還好現在妳ok了，
　　妳要好好過日子，我們會很好的……」

　　愛情很少讓我徹夜難眠，
　　不是我不需要愛，
　　而是我的親情讓我太滿足！
　　因為妹妹讓我堅持要生第二胎，
　　我希望我的孩子，
　　將來也有一個愛他的手足一起攜手走人生。

　　我常常想念我們之前相處的種種，
　　縱使時光流逝，
　　記憶永存心中。
　　人生怎麼可以沒有手足？
　　妹妹是父母給我最好的禮物。

曾經美好曾經破碎，
所有的昨日都比不上有勇氣去面對的今天。

弟弟回台灣一定要去吃一蘭拉麵，無論再久，勢必都要等下去。

在等待吃拉麵的空檔，我們在百貨公司閒晃。

弟弟問我：「可以去打寶可夢的地方看看嗎？」

我帶他上樓，機台已經移位到電梯口，還是排著長長的隊伍；

已經3年了，樓層改變很多，

我輕輕問他：

「你記得你以前都在那裡買LEGO、還有TOMICA 小汽車嗎？中間櫃位之前有作黏土還有畫畫的，你家裡應該還留著很多成品；

那間有小汽車座椅的兒童理髮店，是你第一次剪頭髮的地方；

遊戲愛樂園，你還是baby的時候常常在裡面玩……」

他不知道的是，

有很長一段時間，我總是繞道，

不敢踏進那個樓層。

我害怕想起。

其實，心痛可以被稀釋，因為時間。
原來，新的記憶再重新堆疊，可以再次複製全新的回憶……
經過了那天之後，
從此我應該可以不再閃避了！

事實證明，確實之後我經過那個樓層的時候，
是用滿懷愛意的眼光，
帶著淺淺的微笑走過。

單身快樂

無論未來還有多少年，
都要懷抱著幸福的決心過每一天，
每一秒我都不想浪費。

人生像一列火車，一路奔馳，
有人下車，我祝福你，
有人上車，我珍惜你。
過去所有的美好與眼淚，
都隨風而逝吧！

單身也要很快樂！

我的好運來了！

我常常覺得我的人生是倒過來過的……

大學時期，當所有同學忙著參加舞會時，我在努力當廣告模特兒；

20～35歲的我，在不同的片場攝影棚間穿梭；

35～50歲的我，在婚姻生活中專心育兒；

50＋以後，我才開始想明白，我的人生將來應該要是什麼面目。

不停地有人跑來告訴我，我和他們想的不一樣，

我想，那是因為環境或是某些因素，讓我必須隱藏真實的自己。

奇妙的是，

我喜歡罵髒話罵得很離譜，也有人說好可愛；

明明胖到我不想看磅秤，也有人說「妳好瘦呀」；

明明沒有做什麼，朋友們都說他們愛我；

明明不知所云，也有人說「就是喜歡妳這樣」。

總之我想，

我的好運是真的，來了……

是吧！

如常

　　我去了新加坡幾次之後，再去的時候，兩兄弟只是出來叫聲媽，就各自回房去做自己的事了，

　　並沒有一般想像中的激情擁抱、流淚重逢之類的熱血畫面。

　　我反而覺得很好，

　　把母親的探訪當作日常，

　　愈早適應，愈能正常生活。

　　反倒是我，每次到新加坡都不忍離去，總覺得陪伴孩子才是我的人生主軸。

　　只因為孩子們現在回台北是度假，在新加坡才算是真正過生活。

　　所以我在新加坡，就是一個陪伴他們一起過日子的媽媽，

　　這樣的節奏和他們小時候一模一樣，

　　我喜歡。

　　孩子在哪裡，家就在哪裡！

終於知道自己想要什麼……

錄影遇到郭子乾大哥，

他說：「沒想到妳是水瓶座的，妳有沒有覺得妳不適合婚姻？」

我說：「可是我上昇在巨蟹座……」

他恍然大悟：

「難怪了……妳會想要一個家。如果妳嫁予他人，應該會很幸福。妳的忍耐力極強，又會持家，極度講理，只要給妳一個理由，妳會站在對方角度為他設想。」

會不會幸福我不知道，婚姻本就是一門最難經營的事業。

我當然覺得我很可愛，但可能不那麼有趣。

因為我實在太喜歡待在家裡了，所有吵雜、人多的地方，諸如夜店、黑暗的電影院、演唱會、大賣場，我都如坐針氈，只想結束趕快回家。

每次開車在回家的路上，我都有種莫名幸福的期待。

終於，我不用再在乎別人的感想，

而且終我一生，我都不願也不期盼再與他人共同生活。

我總算找到最舒服的生活模式，

年輕時將夢想交在他人手上，不僅妥協且不完整，

我輕忽自己的能力，

我想要一個家，

我自己就可以建立……

一個人的生活練習

過年前，綜藝節目要錄的存檔特別多，
兒子們回去了，工作的時候可以更加心無旁騖，
我又開始一個人的生活。
生活模式的轉換需要練習，
現在的我，已經很熟悉開關在哪裡。

人生有很多時候看起來很難，
那是因為經驗值不夠，無從遵循；
當數值累積到一個程度，
再難的，也不覺得太難了……

相反地，在來來去去的奔波中，見過了朝思暮想的心
中人，
就像耗盡的電池又蓄滿了電力，
即使面對再煎熬的工作角力，內心也是飽滿的，
充實的，
無畏的，
重新湧出向前衝的勇氣和底氣。

記住跌倒的感覺

那天有一位粉絲留言說：
就像跌倒了拍拍屁股站起來，再若無其事往前走……
這個若無其事不可能馬上實現，它需要時間縫合。
也不是心中無感，
而是記住跌倒的感覺，
以後切記不要再摔了。
摔跤，很痛！
學會，就值得！

love & marriage...

Chapter 3

婚姻情愛

心裡住著一個人，是幸還是不幸？

開車回家時，聽到廣播放《好久不見》。這麼多年來，經過很多人翻唱，而這首歌，每一段時期都陪伴我度過刻骨銘心的歲月。

大學時期的戀情長達7年，包括男友當兵的2年。當時他在屏東的海軍陸戰隊，星期日我常常半夜2點搭野雞車去屏東看他，下午2點再塞車回台北。

印象中，我的每一段戀情都是我先開口說再見。
但，先開口道別的那個人，其實相對是比較難的。

因為要說再見很難，
要承受再見之後的想念，更難。

我會偷偷開車去他家樓下想看他一眼，去以前去過的地方坐坐；
這段療傷的時間也不會太短。
我會找很多事情做，就是不再跟這個人聯絡，忘記他的電話，不再見共同的朋友，不願意聽他的訊息。就是要斷了自己的後路，讓自己沒有回頭的希望。
我真的不想對方再回來找我，因為我會壓抑不住想回去的念頭！
但是如果可以做朋友，又何必分手？

這是我們這個年紀的感情觀，下了決心就要放手。
認真而絕對。

我的戀情寥寥可數，因為水瓶座的人不輕易說愛；
但愛了之後，在平靜無波的外表下，卻是一顆不輕易變
動的心，卑微且容忍。
每一段感情都維持很久，但在小心翼翼卻又失去自
我之後，只能鬆手。

有後悔嗎？其實沒有。
當我愛著你的時候，請你好好珍惜；
真的沒有我了，
請你一定要更幸福才行！

這樣的愛情，我願意相信。

記者採訪時，曾經問過我一題：「還相信愛情嗎？」
當下有點茫然，只能回答：「不知道。」

這個問題我後來想了很久很久，
我想，
我還是願意相信愛情的存在。
現在的失控，不能否定曾經的美好，
更不需要因為受到傷害，就認定「愛」有問題。

但真的，已經過了期待愛情來臨或發生的階段，
現在我思考更多的是：
希望自己能擁有更強大的、給予愛的力量。

我身邊有許多條件很好的女生，
年紀與我接近但依然單身、或是選擇單身，
並不是她們沒有遇見讓她動心的人，
而是那人若是使君有婦，
就寧願放下自私佔有的慾望，
不去侵佔別人已經擁有的，
雖然痛苦，
但自己可以活得驕傲，活得正當。

「愛是不張狂，不做害羞的事」，
做到只給予祝福，
默默地給予愛的力量去支持自己所愛的人。

這樣的愛情，
我願意相信，
它真實存在。

人都有衝破理智線的時刻，但若是在彼此相愛的當下，是否可以想多一點？

朋友長年在上海工作，她說每一年過年回家，都會跟她哥哥大吵一架。有一年，竟然過了除夕12點還相安無事，連她嫂嫂都很訝異！

她告訴我：「我明明最害怕就是哥哥有一天不見了，那還有什麼事情好生氣的呢？」

Brian這次回來，我們相處的時間很少，他想玩電動，想見朋友，有很多想做的事。
雖然我有點傷感，
但他是我兒子，
我不想生氣，我只想愛他。

在朋友的公司開會，下午5點不到，她老公一直打電話來問她何時回家？最後一通電話撂下狠話：「再不回來，妳以後就不用出門了……」
男人，常常話不會好好說，他只是想要老婆陪他吃晚餐，但表達的方式令人驚慌失措。

常常，愛是存在的，

但愛的純度和濃度，決定了我們對待一個人的方式。很愛的時候，我們情願作出很大的退讓和容忍；

不愛的時候，可能一點點差錯都會導致理智線斷裂，些微的忍耐都會覺得是莫大的犧牲。

愛與不愛，

決定了回話的方式，

以及接下來的舉動是不是不歡而散，會不會暴跳如雷。

如果還愛著，

就好好說話吧！

如果沒了他你會痛苦，

那麼還有什麼好計較的呢？

愛著的眼淚也會承載著微笑……

婚姻不是一齣韓劇

我和賴芳玉律師第二次的「剛好玉見你」podcast，你們聽過嗎？

我自己反覆聽了好幾次，在廣播中聽到自己的聲音，感覺像在跟自己對話。

我也聽到其中一個重點：

要經營好婚姻，必須理解，

在感情中很浪漫，在婚姻中要歸於平實是很困難的。

婚姻是非愛情的，相當於生活面，

離愛情愈近，死得愈快。

一位離婚很久、現在有交往男友的女性友人跟我說：

「每天早上6點15分，男友會叫我起床，準時7點在我家樓下等我送我去上班，這麼多年風雨無阻，沒有改變過。」

她說她不想再結婚，因為變成老婆以後，這一切都沒了……

沒有一個女人不想要穩定長遠的關係，因為怕受傷所以只能退而求其次，告訴自己這樣做才能保護自己。

而且不願意再期待，

畢竟穩定的關係如果有一天發生疑慮，會比第一次更加潰堤。

很多選擇都是不得已的選項，
但不表示內心不嚮往，
傾聽自己內心的渴求，也不可能一條路走到黑。
無須將就，也不須放棄，
就是再給自己一個幸福的機會！

真的太渴望浪漫又不可及，
就看韓劇吧！

別人家的女兒

有位朋友生日和我小兒子同一天，她說每年生日，她公公無論在哪一國出差，前一天一定趕回來。

她生日當天，全家一定一起出去吃飯慶祝，並且包一個大紅包給她，感謝她為全家人的付出。

我的好友郁方和婆婆感情融洽，她婆婆在世的時候常常打電話給她，稱讚她的所有大小事。

之前我們去她家鬼混，總是攜家帶眷，或坐或躺，亂吃亂喝，她的公婆看見我們，也是笑嘻嘻，完全把我們當成自己的朋友，玩笑也能開，整個家庭和樂融融。

我們這一代的女子從小常常被母親教導，嫁去夫家該如何謙遜，對女婿更是百般討好，只盼望他善待自己的女兒。

婚禮上經常看見新娘的媽媽畢恭畢敬跟女兒的婆婆說：「我女兒足憨慢，什麼都不會……（已經年薪七位數了，還什麼都不會？）」

因為媽媽怕女兒將來被嫌棄，先把醜話說在前頭，這是擔心，也是疼惜！

我的這兩位朋友婚姻都很幸福，

因為感激公婆對自己的好，更是赴湯蹈火在所不
辭。

她們當然有自己的人生價值，

不僅僅被看見而已，更是被深深珍惜著！

能夠珍視別人家的女兒，

這是胸襟，

也是高度。

進可攻、退可守，才是王道！

　　朋友和我聊天，她說正值青春期的女兒太夢幻，不知道怎麼和她討論如何選擇伴侶，才是正確的？

　　（果然，有女兒的媽媽擔心的事情比較多）

　　問我這題實在太冒險，
　　我自己也是杯具收場，真的沒有立場再說什麼。

　　沒有麵包的愛情會淪為柴米油鹽醬醋茶，
　　而沒有愛情的麵包是不會好吃的。

　　與其討論「愛情與麵包孰輕孰重」，好像應該更認真思考，
　　擁有經濟獨立的能力，
　　才可以真正嫁給愛情。

　　愛情之所以有熱戀期，那是因為愛情是有賞味期限的，
　　在賞味期限內服用，滋味最是美好，
　　過了這期間，也許連吞都不能吞，就該直接丟棄了。

和在茫茫人海中遇見的一個人發生感情，除了緣分，還有運氣的成分。

　　如果賭注下錯了，

　　唯有經濟獨立才能毅然決然割捨，

　　因為需要處理的只有心痛，

　　而不是三餐一宿，問題相對會簡單很多。

　　我們都很想做自己呀！

　　女子的一生，不應該重心只在於某一次選擇的對錯，

　　培養挫折忍耐度，

　　儲備好斷捨離的能力，

　　有備而無患。

　　無論想恣意選擇愛情，

　　或是一朝愛情遠去，也無需擔心麵包沒著落，

　　才能隨心所欲活出自己最想要的樣子……

好妻子的定義

　　那天在拍戲時，大家聊起感情和婚姻觀，
我說：「我覺得我其實很適合當老婆……」

　　為什麼？
　　因為我有顏值，又有產值；
　　因為我很安分，我會把自己放在那個名份該守的框框裡；
　　因為我會嚴以律己，不需要任何人告訴我該遵守什麼；
　　因為我帶得出場，知道什麼該說、什麼不該說；
　　因為我雖然渴望自由，還是會安靜地把很多包袱捆在身上；
　　因為我像小孩一樣好哄，又有成熟女人的處事智慧；
　　因為我很會忍耐，而且很會忘記；
　　因為我不喜歡吵鬧。

　　其實沈默，才是瓶子最深切的哭聲，
還有嘆息……
　　（典型水瓶座）

永遠，不要踮起腳尖去愛一個人

在自己的人生中，你最想要什麼？
曾經以為是自己最想要的，
會不會有一天又覺得好像不是？

我周圍有好幾個朋友婚姻非常幸福，我常常默默觀察這些夫妻的相處模式，
除了彼此是對方最好的朋友，
沒有其它。

郁方曾經問我：「人生的最後一把，妳要好好賭！妳有想過妳最想要什麼樣的生活嗎？」
她知道我是一個很沒安全感的人，所以會拚盡一切的努力去營造自己想像的、安全的模式，直至力竭。

最近看了Netflix 的《性／生活（Sex／Life）》，明明應該算是一部非常情色的影集，但我看了卻很想大哭。
如果妳的人生在別人眼中幾近完美，
但在妳的內心深處總有15%是充滿缺憾，
到底是要忍耐視而不見，
還是全盤推翻既有去追求？

你想要什麼？

這些往往會因時因地而改變，
因為年紀閱歷甚至人生的挫折動盪而不同，
對生活的知覺，每個人不會一樣。
但，永遠，不要踮起腳尖去愛一個人，
每個女人都知道，
不可能永遠穿著高跟鞋不脫下來，那是永恆的折磨……

誰是你的那杯茶？
想了又放、放了又想的糾結，會把人逼瘋的。

妳心中最大的夢想是什麼？

很多年前，媒體很喜歡問這一題，我總是回答：
「我的夢想是作一個家庭主婦！」

我的經紀人聽了忍不住哀嚎：
「芸妹！妳可不可以想想別的？這個回答太無聊
了，大家不會有興趣聽。」
果然，我一說完馬上冷場，沒人接話。

但這確實是我此生最大的心願！
父母的家庭觀念影響我至深至遠，
以至於當年我面臨第一次婚姻危機時，很多人不解
為何我還是想要繼續？
我自己其實也想不明白，
可能是我不想親手打碎這個夢想走出去。
那是心裡長期存在的一個夢，
沒有人會因為夢醒了，就後悔曾經做過的美夢……
今天再問我，我依然還是一樣的答案。

我覺得作家庭主婦很真實，
她是妻子，是母親，
是溫柔的心，是屋內的燭光，
是一個家的根本。

盡心盡力，無怨無悔！

完美情人的定義是什麼？

「浪漫」的情人對我來說其實很恐怖，
如果對方的體質是浪漫，
那他應該不只是對你很浪漫，
而是對很多人都可以非常浪漫。

生活中的很多細節，比浪漫更能維持關係的長久，
譬如體貼、關心、同理心、善良，以及像朋友一般
自在的相處。

完美情人的定義是什麼？
對我而言應該是唯一，
而且要可以讓我開心。
否則不如跟姊妹淘一起，還可以大笑做自己。
可以在對方面前自在呼吸，是多麼難得的浪漫。

你問我愛你有多深？
Sorry! 連我自己都不知道……

愛情如果能衡量，像數學一樣有標準答案，
世間男女就不會總是糾結在分分合合之中。
天秤的兩端到底孰重孰輕？
有時會加加減減，此消彼長。
問的是自己，但真心沒答案。

有時有選擇反而更難，
不如只有一條路，走不下去還可以回頭，
好過走在十字路口，徬徨不前。

夫妻應該是最好的朋友，
但最好的朋友不一定可以作夫妻。

盡心盡力，無怨無悔！

愛情的面貌該是如何？

15歲的兒子，正值情竇初開時節。
我想起有人說過，
當你初見一人，覺得愛到痴狂，
那不是一見鍾情，
而是業障……

當年我不懂，現在我真的明瞭是真的。
瘋狂的愛戀是水裡來火裡去，
但真實的相處是舒服且自在的，
可以絮絮叨叨像一對愛情鳥，
也能安安靜靜各據一方，無論是否處在同一個位置，
心靈的安全感勝過時間空間的諸多限制。

長長久久的愛情不可得，
驀然回首，
你會想起誰？

雨後的彩虹不必追

原來，男人的愛比雨後的彩虹還易逝，
驟然出現，還來不及捕捉美好，頓時無影無蹤。

我的愛情很純淨，容不下多一個人的空間。
當你的眼神不再只追視我一人，好好道別才是最後
我想跟你說的話。

不是我不眷戀，
是你負擔不起我的深情。

如果有一天妳的大仁哥被搶走，妳會後悔當初沒有
好好珍惜他嗎？
我會，也不會。

因為他的時間不再是我的，
我不能再賴在他身邊為所欲為，
他不能再作我的便利貼、ok繃、止血帶、面紙、
Uber司機，以及一雙最好的耳朵……
我遺憾曾經專屬於我的所有一切。
所以我會！

但他從此會有不再默默等候的每一天，

他會有該回去的家，

一個和大多數人一樣正常的人生，一個等待他相守的人。

他可以不再漂泊，不再孤獨，不再患得患失，也可能子孫滿堂。

所以我不會！

真心愛惜一個人，

不一定要擁有，

天長地久的相伴，也許不是唯一的方式，

看見你幸福，

我於願足矣。

可以看見愛情的樣子嗎？

雖然我已經認為愛情應該是擊毀我人生的一大敗筆，

但在我周圍，還是時不時會看見愛情的影子。

我妹妹和她的男友，16歲一進五專時就認識，談了5年的戀愛，最後無疾而終。

雙方歷經千山萬水，在百轉千迴之後再次相遇。這次，應該是雷也打不散了……

我其實很避免當他們的電燈泡。因為他們聊的話題對我而言實在是無聊透頂，完全沒有重點，但他們那樂在其中的樣子，臉上寫的就是幸福。

郁方和她老公亦然。

我常常覺得他們從來沒有把我當活人看待，奇怪的是她們在肢體上並沒有特別親密，

但在我面前那一句來、一句去的打情罵俏，莫名其妙搞得我常常很想站起來立刻上車回家。

有時週末我會賴在她家，他們夫妻一個在客廳看電視哈哈大笑，一個在書房瀏覽電腦上的YouTube影片，有一種很peace的氛圍圍繞在兩個相鄰的空間裡，

空氣裡寫的也是幸福。

我的另一對couple朋友的相處，也是寫盡愛情的樣貌。

每回無論我們所處的環境裡湧進多少朋友們，先生的視線永遠只追隨他的妻子。人群中太太只要眼睛一抬，先生馬上接住她的眼神問她：「妳要什麼？」

重點是我這個女朋友並不是個公主型的驕縱女子，她是個成功的事業女性，但她的先生，永遠站在角落注視她的需求。

現在先生在香港工作，夫妻分隔兩地，有時太太帶著兒子去香港，有時先生回來。當他們見面的那一剎那，我常常覺得好像目睹牛郎織女的相會場面，也很像電影情節，

看見的畫面也是愛情的幸福。

還有一對認識最久、超過20年的友人，他們夫妻的愛情故事在我們朋友間已經是傳奇。當初因為他的追求太坎坷，我也忍不住認真跳下去幫忙他。

這個太太在婚後的20年間，完全盡情做自己，未曾改變她原本樣貌的一絲一毫。

她先生曾跟我說過：「我娶她回來，就是要保證她可以一直是這樣，我就是喜歡她這個樣子。」

這是20年不變的，愛情的樣貌。

把愛情寫進生活中，
愛情就不只是愛情而已，
不會有賞味期，
因為那是彼此人生的一部分。
原來愛情的樣子，
是看得見的……

現在是單身嗎？

我發現現在出門問問題要有技巧，不能問：「你結婚了嗎？」

常讓對方很難回答。

看對方那欲言又止、又不知如何開口的樣子，當場就想咬斷自己的舌頭！

因為很多已婚人士活得形同單身；

或是正在處理中、妾身不明的，但卻是已婚；

也有已經離婚，目前確實單身者。

滿街都是寂寞的人呀！

無論處在什麼狀態中。

後來我們的結論是，這樣問就好：

「現在是單身嗎？」

其他不必深究。

還有，家裡是鬧鬼嗎？

怎麼許多人都不想回家呢？

為什麼女人多有戀愛腦？

所謂的戀愛腦，

一談起戀愛就變白痴的女人，10個中應該有11個人會默默舉手，多出來的那位，是剛好路過聽到的女生……

女孩說：「我前男友說他媽媽不喜歡演藝圈人士，有一次我在他家，他媽媽剛好來訪，他叫我躲進衣櫥，我照做了……」

即便如此聽話，委曲求全，最終還是分道揚鑣。

女孩的事業遠超過男生，所有的不計較也挽回不了愛情。

為什麼女人在深愛著的時候，會如此容易被置入？

再匪夷所思的話術都會相信，再離譜的理由都會原諒？

因為我們在有愛的時候，會變成最優秀的催眠師，

寧可信其有，不願敲醒自己，而接受謊言的存在。

一個朋友說：「買不到包不痛苦，得不到愛才痛苦。」

她說的是真的，

包不會治百病，

她日日夜夜羨慕那個得到他愛的女子。

誰會真的心死、拒絕愛情再來敲門呢？

愛情原本就是人們最想得到的一帖藥，

難尋又難保存，

如此的奇珍異寶，難怪千古多少詩人、名人歌頌：

「易求無價寶，難得有情郎。」

期待愛情來的時候，

謊言少一點，

真情多一些。

愛的代價

喜歡一個人很難，

討厭一個人很容易。

愛上一個人總是很扎心，

離開一個人常常很不情願。

無論是什麼，都需要時間療癒。

當下無法真實判斷對錯，

待時間經過，

自己會知道。

愛情如是我見

愛情確實可以豐富人生，讓你
痛徹心扉，
輾轉反側，
乍悲乍喜，
懷疑自己，
人生所有情緒一次擁有。
值不值得，則是另一個篇章。

我比較欣賞愛情之後的變化，
互相依戀，
彼此扶持。
愛情從來就不該是神話，
是持久共同生活的要素。

friendship...

Chapter 4

友誼

親愛的老闆

我要再回來拍戲時，經紀人不知有事，她以為我只是技癢。

等到媒體消息露出時，她只說一句：「我以為妳這輩子不會再回來了。」

言語平淡，背後卻是深深的嘆息。

我從22歲大學畢業後就跟著她，她保護我就像保護眼中的瞳仁。

外界可能覺得她很難搞，因為她常要作壞人，像母雞保護她的小雞。

在這個世界上我只害怕兩個人：

一個是我父親，另一個是她。

20年前那一期《壹週刊》出刊後，我躲去東京、回來在機場被媒體包圍時，我說的第一句話是：「Tina救我！」

事實上，在我人生中她確實救我很多次於水火。

這份像家人般的情誼，是我人生中很重要的part。

親愛的老闆：

妳的感受最真實，

請妳好好看見，這個從小被妳帶大、曾經那麼怯懦害羞的我，可以長成什麼模樣。

請妳好好看著，

從之前，到將來。

然後，我們再一起健康相伴到老！

戶口名簿外的家人

我的父母現在都超過80歲了。

人老了就會像孩子一樣，特別依賴。為了讓他們安心，我故意選擇住在二老附近，從他們家陽台可以看見我家，幾點我回家，我家的燈便亮起，他們都能知道。

2023年妹妹生日，我帶她去東京。消息一出，家裡二老很緊張。

他們很怕臨時有什麼事沒有人可以交託，外籍阿姨又不會說國語。

我想了很久，硬著頭皮打電話給一位住在北投的朋友。

我請求她如果家裡有什麼需要處理的事，可以請她幫忙嗎？

她一口答應。

第二天她打來問我：「每次要約妳們全家人吃飯妳都不肯。妳看妳爸媽從來沒見過我，我現在去妳家先拜會一下，讓他們熟悉我好嗎？」

我說應該不需要吧！只是留一個人讓我們彼此心安，不害怕而已。

過一天她又打給我：「那妳跟妳爸媽說，我每兩天去跟他們請安，順便看看有沒有什麼事，這樣可以嗎？」

　　有些人，在杯觥交錯時信誓旦旦，
　　因為他覺得承諾只是簡單一句說出口的話，沒有真心；
　　有些人，看起來不像第一線日日交陪的友人，
　　在你順風順水時他隱藏，
　　在你落難潦倒時他挺身。
　　錦上添花，很多人趕著做；
　　雪中送炭，有人退避三舍、劃清界線都來不及。

　　沒有血緣的朋友，有時比血親還要真誠。
　　這是戶口名簿外的家人，
　　我很幸運擁有好幾個。

友情歷久彌堅

我想寫這篇想很久了。

一直沒有落筆，是因為千絲萬縷，難以形容。

郁方10月生日，她說她想去一趟絲路之旅，我說好。

無論如何，我都會陪她去。

這個我最珍惜的朋友，

時時把我放在心上的友人，

任何要求，永遠兌現。

我決定離婚後半年，她才聽到消息。

她氣急敗壞地跑來跟我說：

「這麼重要的事妳怎麼沒跟我說？他們以為妳沒有天蠍座的朋友嗎？」

她哭了……

之後，有一些負面新聞被操作，她說：「連我婆婆都問我這在搞什麼啊？幹嘛這樣啊？」

她又哭了……

我有一度很窮，她們夫妻總是約我去她家吃飯，什麼聚會都帶著我，怕我餓著，怕我寂寞。

她婆婆的告別式時，她公公還很懇切地跟我說：
「我們家永遠歡迎妳，隨時。」
　　這就是她們一家人，
　　帶給我無比的勇氣和力量。

　　我辦「恢單party」的時候，她感覺比我還開心，比
她自己的局還投入。
　　全程她又喝又抱著伴唱機，唱唱跳跳，留到最後一
刻，
　　直到半夜一點才散場，放著老公孩子在家裡。

　　單身之後，她又開始擔心我的未來。
　　總是時時留意有無適合對象，也叫旁人幫忙找。

　　她愛我的心，是這麼深刻又明顯。
　　寫不出這篇是因為，
　　想到一半我也要哽咽。

　　有人說女人的友誼很善變，經不起考驗，
　　那是因為沒有遇到真的知己吧？
　　我想說：
　　愛情確實很難一世，友情卻是歷久彌堅！

錦上添花易，雪中送炭難

　　天氣一變冷，我就容易生病，冬天常常鎖在家中，昏了又昏。

　　朋友打電話來問我：「吃飯了沒？今天有出門嗎？要送飯去給妳嗎？」

　　她接著說：「我媽媽說如果妳不嫌棄，以後我們出去玩都找妳一起來，孩子不在身邊，不要一個人在家！」

　　我在電話的這一頭飆淚……
　　我怎麼會嫌棄？我多麼感謝妳們愛我疼我！
　　妹妹說：「妳看大家都愛妳！妳要常常出門，要記得吃飯，妳瘦到不能看了，不要再減肥了！（她大叫）」
　　明明是擔心，卻要說得小心翼翼……
　　我的很多朋友，樸實無華，沒有家大業大，
　　他們都自謙是我的民間友人，但他們無私的愛，
　　讓我覺得擁有的何止全世界！

　　錦上添花易，雪中送炭難。
　　這場雪讓我見識了嚴冬裡的一把火有多麼珍貴，
　　而從前有眼無珠的我有多無知。

　　她的母親在今年初走了……

這個曾經給過我無限溫情的長輩，
我不曾當面向她訴說我的感動。
親愛的阿姨：
希望妳所處的另一個世界，也充滿著和妳一樣溫暖
的光芒！

我真的非常非常感謝妳！

所有的緣分，都不是偶然！

有位朋友說：「看見郁方望著妳的眼神，就知道她真的很愛妳⋯⋯尤其妳們都在這個圈子。」

很多人覺得演藝圈很複雜，我真不認為。

演藝圈其實很封閉，
我們在一個不大不小的環境中工作，來來去去碰到的都幾乎是同樣的人，
我們有這個工作環境特殊的語言模式，很多人一開始就有經紀人處理工作，反而讓我們更少和外界接觸。

所以，為什麼很多藝人投資副業會以失敗收場？
因為我們聽不懂外界的話術，看不懂人性的善惡。

我覺得藝人大部分都很單純。
但也是因為合作對象每檔不同，
找時間碰面不易，友情要維持有相當難度。

我開始拍戲之後，經紀人非常保護我，
她陪我參加所有重要的選角、記者會，出大事時永遠擋在我前面⋯⋯

我永遠記得當年她帶我去試鏡九點半的單元劇，那是一個想愛卻得不到愛的女二角色，導演第一眼看到我，看我那怯生生的樣子，偷偷拉她到牆角問她：「何小姐行嗎？」

　　經紀人拜託他：「導演你放心！她看起來是這樣，但一站上台就不一樣了……」

　　結果，我從22歲和她簽約到現在，沒有離開過，因為她懂我也愛惜我……

　　我相信所有的緣分都不是偶然的，
　　也沒有無須認真善待的關係，
　　我珍惜，
　　也記得！

友情比愛情長久

郁方是這之中我最感謝的友人。

不只因為她一直無私地為我著想，也因為我們很年輕就認識。

我們相識於微時，那時她18，我20，我們一起在瑞士拍伴唱帶。

我記得我第一眼看見她，那時我出外景到半夜，回到下榻的小旅館，她睡眼惺忪從棉被裡伸出頭來，那雙亮晶晶的眼睛，我到現在都記得。

後來我們一起進電視圈，還曾經一起拍映畫的九點半單元劇《真愛一世情》。

當時我們連女配角都排不上，而且我們2個都很窮。

之後她轉戰主持，我拍台語劇，2人從谷底慢慢往上爬。

再一次深交，是我們的第一個孩子都是同一年出生。

之後我們常常帶著孩子到處去，也總是相伴一起出國旅行。

單身派對那天，她是18個人中我第一個擁抱的人。

我拿著麥克風，

未語淚先流。

我請她一定要繼續幸福，

只有這樣，我才能相信世上是有幸福這件事。

她的幸福，彌補了我缺失的那一塊。

她一邊含淚一邊說：「接下來我要趕快把妳嫁出去，我怕妳要賴在我家一輩子。」

破碎的婚姻失去的，只是一個不適合的男人，
我所擁有的，卻是一段不平凡的友情。

確實，有天蠍座的朋友，
真的是天底下最幸福！
謝謝妳這麼愛我，
不離不棄！

真誠的朋友，愛的是真正的你。

　　我有一位朋友住在貓空的山上。

　　從熱鬧的市區搬到方圓百里只看見2戶人家的郊外，這種腦袋也是人間少有。

　　我們很少聯絡，更少見面，

　　但我心裡有事時，就想開車上去找她，

　　坐在她家的屋頂望向天空，從白天一直看到晚上星星出來。

　　去找她的時候，從早上我就吵著要去坐水晶纜車，喝鐵觀音，吃茶油雞，看她養的蜜蜂、她種的菜，

　　然後嘻嘻哈哈玩到天黑。

　　我常常覺得她是一個觀念很出世的人，而我這麼俗氣的人，怎麼會交到這樣的朋友？

　　當然是因為她了解我。

　　孩子小的時候，我們討論育兒，我兩個兒子學騎自行車，都是她教會的。

　　孩子青春期時，我們交換如何擄獲青少年心的心得，她的理論總是給予我當頭棒喝。

　　她兒子在荷蘭讀大學時喜歡上一個俄羅斯女孩，天高皇帝遠她無計可施，只能用電腦寫一封長長的家書，暗示他不要忘記買保險套。

我二個兒子剛去新加坡時，我們母子分隔兩地，我常常憂心教養無法落實。

而她總是安慰我，唯有愛才是唯一做法。日久天長，母愛可以跨越時間空間的限制。

我和兒子生氣冷戰時，她會數落我：「和親生兒有必要這樣浪費時間嗎？」

疫情期間她不浪費時間，考上導遊執照，不是她要接團去旅遊，是她覺得台灣這片土地有太多故事太迷人。

我開單身party的時候，這個不應酬、不攪和的人一口答應她會到，全程為我們拍照，只因為她說這一天太難得，她真心為我開心。

一個真誠的友人，無論她是什麼身分或我是誰，
當她真的愛妳，
就是真的愛那個真正的我。

認識於微時的朋友，格外珍貴！

　　參加單身party的18人之中，有幾個是忘年之交，Yen是其一。

　　2019年初我才認識她，她是我所有朋友中認識時間最短的。

　　那時我已決定離婚，她沒有參與過我的過去。

　　當時她在信義微風開一間很有名的網紅鬆餅店，常常人滿為患。

　　我和朋友去喝下午茶，她堂堂一個老闆娘，一身華服站在店裡端盤子招呼客人，看見我，一屁股坐下來很熱情地歡迎我：「妳的戲我都有看哦！」

　　那時三立的《炮仔聲》正熱播。

　　離婚消息外界還不知曉，我心中有太多祕密和酸楚。

　　作為一個婚姻失敗的女人，我沒有勇氣和自信面對這世界。

　　我記得我一直頭低低，心不在焉、沒認真聽她說什麼。

　　熟了之後，才知道她是我一位上海好友的朋友，否則她不敢這樣貿貿然就跑來聊天。

　　2020年母親節前夕，

　　有一天她line我：「咪！妳什麼時候有空繞過來店裡嗎？我有東西要給妳！」

　　那天我在內湖的三立電視台剛好收工，就過了堤頂大道繞到信義區去。

車一停在路邊，我就看見她捧了一個蛋糕飛奔過來，

我知道那是她作的母親節蛋糕，和兒子分隔兩地的我，當場眼淚就流下來，趴在方向盤上大哭。

一直到她走到車旁，小心翼翼把蛋糕遞給我，我還淚流不止。

她說：「我想妳兒子們不在身邊，這個母親節蛋糕代替妳兒子送給妳，妳其實一點都不寂寞。我我我沒有想要妳哭……」

結果我一路哭回淡水家。

在我最卑微、最不見天日的時候，是她先張開雙手擁抱我。

這份溫暖，就像在寒天中看見的一抹燭光，那樣炙熱。

後來我們就變成好朋友。

小我一輪以上的她，

處處照顧不懂世事的我。

人生中的所有事總是無法預料，不能預期，

我感謝上帝一直眷顧我，

失之東隅，收之桑榆。

謝謝這群可愛的朋友們，一路愛惜當時那個破爛不堪的我，

我才能重新再變成一個完整的人。

山窮水盡疑無路……

　　我拍三立《炮仔聲》的時候，已經離開演藝圈16年。再回到職場，感覺熟悉又很陌生，藝能界世代交替，我不知道還有沒有自己的位置。

　　因為要離婚，我必須跨出這一步。

　　每天工作時，我都誠惶誠恐。2019年初，沒有人知道我準備找律師打官司，連我的經紀人，我都沒有透露。

　　在片場不時有人會調侃我：「貴婦幹嘛來搶飯碗啊？我們拍戲是討飯吃，妳是來找消遣。」

　　我真有苦說不出。

　　他們開的是玩笑，殊不知我也正站在人生的刀口上。

　　《炮仔聲》開啟了我二次就業的機會，也在一年八個月的拍攝期中認識了2個小朋友。

　　宇婕和勇兔在這關鍵的20個月中，給我無限的歡樂和安慰，在離婚新聞如火如荼蔓延中，也帶給我許多勇氣和力量。

　　2020年母親節，她們擠到我小小的家中，準備滿滿一桌菜，陪我度過可能會冷冷清清的母親節。

　　勇兔一直在廚房洗洗切切，

　　宇婕整理我搬家後來不及整理的櫃子。

　　她們2人，真的像我女兒。

　　在那樣茫然的人生十字路口，流再多淚都不足以消化內心的苦澀，

　　她們無疑是當時黑暗烏雲中，驀然出現的一道陽光。

　　常常以為路走到盡頭，

　　卻是另一道門的開始。

Women's talk

幾個月前，丁寧問我：「我帶妳作瑜伽好嗎？」
我實在是個幸運的人，
每當我停滯的時候，就會有人跳出來拉我一把。

今天她一看見我的體態，
一邊輕輕說著：「妳看看，妳前幾年的壓力壓得妳
彎腰駝背，肩膀都沉了」，
一邊她馬上知道該從哪裡開始。

當然整堂課我哀呼連連，尖叫聲不斷。
一直以來我睡不好覺，也終於找到答案。

我覺得快樂！
和認識超過30年的好友一起，
透過women's talk，
我的內心得到安定的力量。

回家後，她傳訊息給我：
「回家的路上，我有一種，很平靜的感覺，覺得今
天真美好！」

Me too！

情義無價

　　有一天正準備要去三立拍戲時，看見丁寧臉書的文章，

　　結果我臉腫、眼睛腫地出現在片場。

　　丁小姐是我婚禮的伴娘，
　　她見證了一段愛情的開始，與一個婚姻的破滅。

　　很多人說「戲子無情」，
　　雖然，我們的職業是戲子，
　　但聽夠了太多其他人等的言不及義、口是心非之後，
　　我其實真的覺得，我們不只是有情，而是太有情。

　　4年前我被群眾撻伐的時候，她是唯一一個為我發聲的藝人。
　　她沒有想過值不值得，對她的工作未來會不會有影響，她就這麼幹了……
　　我感謝她的拔刀相助，也許改變不了什麼，但在當時，的確只有她一人。

　　我欽佩她的做自己，
　　那麼無畏，如此坦然。

一直以來，是她先張開雙手，擁抱那個奄奄一息的我。

　　是她教會我，媽媽也是人，不需要做到淋漓盡致，剛剛好就好。

　　罪惡感是什麼？不好好對待自己才是罪惡。

　　我拍感情戲時問她，「被愛是什麼感覺？實在太久沒有嘗試過了，演不出來。」

　　她一邊嘆息，一面乾脆跑來片場給我擁抱。

　　新冠肺炎三級警戒時，她知道我一個人自閉在家，怕我悲從中來，送咖啡豆來給我，約在漁人碼頭見面，結果被網友罵到臭頭。

　　我會勸她凡事不要太衝動，多留點心眼，

　　也是因為我一路披荊斬棘走來，始終小心翼翼做人，我怕她受到傷害。

　　所有的往事歷歷，這2個女人認識近30年，才開始認真相伴相惜起來。

　　答應我，從今往後，
不只要相濡以沫，
還要相忘於江湖，好嗎？

　　祝福彼此♥

children...

Chapter 5

孩子

看著小孩成長，心裡是什麼滋味呢？

在新加坡時，和哥哥約在外面見面，
他會說：「妳拍現場照片給我看，我去找妳，妳不要亂跑！」

買東西要問店員，
他會說：「妳要買什麼跟我說，我來問他，妳不要開口（應該也是知道媽媽英文不太好）。」

朋友剛好去新加坡開會約我吃飯，
出門前他問我：「妳確定妳不會迷路嗎？」

到了晚上10點，我們在酒吧喝酒正熾，
他寫訊息問我：「妳要回來了嗎？幾點要回家？（此時老媽喝得正爽耶～）」

看完演唱會叫不到車，站在站牌等公車，
他會說：「妳站太外面了，進來一點……」

補習回家路上，
他會發短訊問我：「媽媽我要買飲料，妳要喝什麼？」

不過才幾年前，這些都是我掛在嘴上的口頭禪，
現在，換孩子回頭叮嚀我。
雖然我活像是一個弱智的媽媽，
心裡是開心的，
同時感覺五味雜陳……

將心比心，比說教容易。

　　有一天，哥哥跟我聊天時說到弟弟平時有多白爛，我很仔細聆聽。

　　語畢我想了想，抬起頭很誠懇地對他說：

　　「這點真的是我的錯！

　　弟弟離開媽媽時只有9歲，他的錯愕更甚於你。

　　你念的國際學校有很多中國學生，你的英文再爛，也可以用華語溝通，你不會寂寞。

　　弟弟念的英國學校，全校只有他一個台灣人，亞洲的學生只有日本人和韓國人。他在學校只能像啞巴一樣，聽不懂也說不清，一個朋友也沒有，我想這幾年他的痛苦比你多很多倍……

　　他不懂得如何和別人相處，是有原因的。」

　　哥哥想了幾分鐘後，點點頭說：「媽媽妳說得有道理！」

　　我不會告訴孩子要如何友愛弟弟，

　　父母有父母的責任，不應該交付孩子承擔。

　　但將心比心的心情，他會理解。

　　生命中錯過的那3年，是永遠也追不回來了，

　　無論是什麼理由，都不該作為藉口，

　　我只能在未來的歲月裡，盡可能追趕。

　　最後，我跟哥哥說：

　　「沒關係！之後媽媽會看著，

　　你可以幫我一起嗎？」

被迫獨立的媽寶

　　我曾經問弟弟，會遺憾媽媽沒有在新加坡陪他嗎？
　　他只想了一下，很快回答：
　　「不會！如果妳一直在，我可能會變成媽寶。」

　　是啊！弟弟現在真的什麼都會自己做。
　　我看見他來我家的行李都打包得井井有條，不僅衣
服一件件摺好，
　　鞋子還會用另外的袋子裝，連蝴蝶結都打得漂亮。

　　五味雜陳……

　　確實如果我在，
　　可能處在連喝水都還是媽媽幫忙倒的階段。

　　變化催人改變，父母孩子皆然。
　　弟弟離開媽媽的時候只有9歲，剛剛在台灣讀完小學
三年級，莫名其妙、茫然懵懂就被送出國。
　　離開不到半年，疫情爆發，之中有一年多我們無法
見面。他不知夜夜躲在棉被裡哭了多久？

　　如今他這樣回答我，原本忐忑不安的我，頓時釋
懷。

　　但，我的心怎麼會感覺這麼酸呢？

當兒子來度假

　　如果不是人生際遇變成我必須要一個人生活，相信連我自己也不知道，
　　原來我這麼會獨處。

　　我的兒子們一年回台2次，暑假和寒假；
　　我則是一年去新加坡2次，農曆春節和中秋節前後。

　　每一次孩子離開我家之後，我都會有一段或長或短的適應期。
　　小小的家馬上恢復原狀，井然有序，冰箱一樣只剩礦泉水和酒。
　　音響電視在我醒著的時候都開著，以錯綜複雜的聲音代替人聲，
　　否則隔音太好的家也真的太安靜。
　　我想念在孩子身邊忙進忙出、遞茶送水準備食物，我鍾情於媽媽的身分。

　　五年來，孩子來我家是度假，
　　其實我去看他們也是，
　　匆匆來去，不夠深刻。

　　原來，兒子在家的家才像家。
　　已經回不去從前了，
　　還好我們都度過了最難的時刻。

　　謝謝你們都有好好長大，
　　我也是！

想變成更好的人嗎？

最近和丁寧維持一星期至少一次的瑜伽課，對我的身心影響至鉅。

雖然每次上課前還是想發懶，上課時還是常常痛到尖聲大叫，丁小姐為了矯正我佝僂的身形，真的也沒有手軟。

某天我常規性地去復健師那裡報到，他很驚訝地跟我說：「奇怪！妳的肩膀改善很多，肌肉變得比較有彈性了。」

（之前我真的像塊磚頭一樣，全身硬邦邦，每天早晨起床都腰痠背痛）

我馬上傳訊息給丁寧。

我一直覺得，所有對別人給的善意，心中有感動，一定要讓對方知道。

她的施予不要求回報，

但我的「得」，則一定要讓對方感受。

她很開心，

我更是。

我們在上課時聊心事，聊工作，聊家人。

Women's talk對女人們何等重要，

無論對於任何階段，

處在任何生命環節中的女性，

它都是讓我們可以自我療癒、最快捷的方式。

有一次上課中，哥哥打視訊電話給我，只是問我：「媽媽我早上吃了咳嗽藥，現在要吃第二顆嗎？不然妳時間到了提醒我。」

她聽了覺得我的兒子真可愛，吃什麼還會來問媽媽。

她的小孩常常把她氣得半死，每天都要發脾氣，逼得她想離家出走。

我告訴她：「那是因為妳們天天相處，發了脾氣可以晾個幾天再處理，我不一樣。

我和他們相隔千里，我是沒有時間修復的。

被惹怒的當下我就必須當機立斷，不能讓這件事情留下傷口。

所以在這題的處理上，妳比我容易。」

沒有時間修復的感情，

只能在容忍和循序漸進上堅定母親的原則，不能順著情緒發作，

這對我來說，也是一個挑戰和學習。

我會跟兒子說：想要變成一個更好的男人嗎？以媽媽身為女性的角度，我可以提供建議。

站在對方的立場為他設想，而非一個母親唯我的角色，

無關情勒，而是希望你可以更好。

也許他們不認同，或是當下礙於面子不予理會，

但所有善意的話語，會像一顆種子種在他們心裡，假以時日，他們會懂得判斷。

之前我也是一個暴躁易怒的人，因為我真心想變成一個更好的人，只能時時修正，不時警惕，時刻反省。

謝謝我的朋友和家人們給我成就自己的機會，一步步帶領我爬上更高的樓層。

期待我們變成自己更喜歡的樣子。

無論是女兒、妻子、母親、朋友、工作夥伴，

任何角色都是。

原來，知道有人疼，就會心安！

　　話說那對兄弟在新加坡吵了好幾輪之後，

　　有一天，我看到哥哥的限動發了他們去吃火鍋的影片。

　　我問弟弟：「看起來真好吃！你們跟誰去吃飯呀？」

　　弟弟回：「只有我和哥哥！」

　　我仔細看著影片中的弟弟，非常乖巧，臉上盡是滿足平和的微笑。

　　我反而眼眶紅了……

　　知道自己真正被疼愛，勝過千言萬語；

　　人與人之間的關係其實沒有那麼難解，

　　很多只是因為「我覺得你不愛我」而破局。

　　真正應該解決的，

　　是「我為什麼會讓你覺得我沒有愛你」而已。

　　當然最後，我沒有打草驚蛇盛讚哥哥很棒、聽媽媽話之類的鬼話

　　（你知道的，青春期的少年你說什麼他一定會和你對著幹，不可不慎！）

　　我只說：「吃飯時弟弟一定很乖喔！」

　　他回我一個大愛心♥

屬於 13 歲的成熟

不知道為什麼，弟弟對勇兔總是很有敵意。

2019年我介紹他們認識，他第一次聽到勇兔叫我媽，當場臉色青紫，回家就炸鍋了。

無論我怎麼解釋他都不接受，他說那是假姊姊，她不是從我肚子裡「剪」出來的。可以叫我媽媽的只有他和哥哥。

之後發展了很長一段時間，他看見她的來電就封鎖，不准我和她聯絡，逼得勇兔要化名才能存在我的手機聯絡人裡。

2023年底我們去韓國的時候，有一天弟弟跟我說：「媽媽，妳趕快交男朋友吧！」

我看著他：「我可以嗎？」

「有一天我會去國外讀書，我希望有人可以照顧妳！」

（他忘記他其實現在已經在「國外」讀書了）

我無法想像，這個牽動我心、不允許別人來分享媽媽的小男孩，有一天，會對我說出這麼令我無法招架的話語。

他只有13歲。

他意識到媽媽的孤單寂寞，

還有極度想念他們的心情。

我想起2023年中秋節心湄姐和美鳳姐要離開新加坡前夕，弟弟和她們道別，擁抱過後，

他說：「請妳們照顧我媽媽！」

牽掛的心，無關乎誰長誰幼，

是彼此之間，那條無形的引線，

可以凌駕所有看得見的阻礙和空間。

我最感到虧欠的幼子，

你真的長大了⋯⋯

有圖為證

　　有一次弟弟來我家，我把從之前家裡帶出來的、歷年來兩個小子寫給我的生日卡、母親節卡、悔過書、懺悔文、歌頌文……一一翻出來。

　　母子二人坐在地上一邊翻一邊討論，笑了很久，
　　弟弟一直尖叫耍賴，問那是他寫的嗎？
　　只見歪歪扭扭的注音，還有只考20分的考卷（當時他覺得20分很棒，還很高興）

　　全部有圖為證。

　　時間並不能消耗過去，
　　除非沒有發生過，
　　除非，
　　沒有累積過……

最美好的生日禮物

在我生日的前一晚，我們回家已經很晚了，弟弟還磨蹭著不肯去洗澡睡覺。

忍了很久，他終於跟我說：

「媽媽，我本來想和阿姨去商場買蛋糕給妳，買花給妳，可是我們太晚回家，商場已經關了。我寫訊息問她可不可以先去買，可是我還沒給她錢，她不肯去⋯⋯我上星期就開始想這件事⋯⋯結果我什麼都沒有做⋯⋯」

講著講著，他哭了，

一發不可收拾⋯⋯

哎唷！

我哪裡要什麼蛋糕鮮花，

媽媽只想要你健康快樂；

你有想著我，

比送我全世界還讓我開心！

相聚苦短

　　弟弟生日那天，我們很開心地去吃了他最喜歡的壽司。載他回家的時候，他很高興地說：「跟媽媽在台灣好快樂喔！可是很快就要回去了……」

　　我忍不住問他：「你生氣這幾年爸爸媽媽沒有在身邊陪你嗎？」

　　我努力維持自己的聲音表情不讓他發覺，實則早已淚流滿面……

　　他所有的話語流露出的、不經意的遺憾，

　　都是我心中難以改變的現況。

　　雖然只是個孩子的說詞，卻是連大人都無法抗拒的命運。

　　他的盼望，

　　是我最深的無奈。

人生因興趣而豐富

下午2點，Brian傳了2張照片給我，

我問他：「這是什麼？」

Brian：「獎牌呀！籃球和200m跑步！」

他接著寫：「200m是接力賽，我們原本第三個跑完的時候已經輸了半圈，我是第四棒！然後我就追了半圈，之後贏了！」

我說：「金牌耶！你真的好厲害……」

果然！我兒子真的和媽媽不一樣，媽媽跑400m會昏倒，他卻是強棒！

我一邊笑，一邊流眼淚……

從小我帶孩子上才藝班，這些課程完全和課業沒關係，因為太忙時間不夠，甚至連學校放學後的課後輔導也放棄。

4歲開始學游泳，從仰式、蛙式、自由式，一直學到蝶泳，到新加坡之後，他已無式可學，乾脆去考了張救生員執照。

從會拿筆開始，我發現他喜歡塗鴉。自幼稚園開始的課本沒有一頁是乾淨的，全都畫了大大小小的插畫。

我帶他去畫室學畫，年級漸高之後，因為課業繁重，壓縮不出時間去外面上課，我找了台北藝術大學的研究生來家裡教學。家裡一直塞滿了各式各樣他的畫作，還代表學校參加過全台北市公私立國小的繪畫比賽，得到全市第二名。

跆拳道拿到黑帶，得過單人全台北市第6名。

還有鋼琴、小提琴、乒乓球、直排輪、體操，後來他又瘋狂愛上籃球……

我並不是想培養出一個十項全能的孩子，我只希望他是一個有很多興趣的人。而這些興趣都是可以一個人完成的。

我希望我的孩子在未來人生道路偶爾覺得寂寞的時候，他會的這些技藝可以陪伴他一個人度過，不需要呼朋引伴也不會感到孤單。

就算媽媽以後不在了，

你做這些事也會讓你很快樂！

簡體字

弟弟有3個死黨：
一個美國人，
一個印尼人，
一個愛爾蘭人，
他們都追蹤我的IG😊

我問弟弟：「他們看得懂嗎？😎」

原來，像聯合國一樣的學校裡還是有中文課得上，
只是他們學的是簡體字。
　（當然，程度各異。滿分8分，弟弟拿7分很驕傲，其他人
3、4、5分不等。但華人中文好是驕傲個屁啊？）

　「欸！那你怎麼辦？簡體字你不會吧？」「沒關
係！我可以寫繁體字……」
　弟弟一邊打電動、一邊氣定神閒說道：
　「只是有些字老師看不懂，老師要去查字典……」

　原來這廂是老師要去查字典？！
　當真辛苦了😌😂😅

分離可以練習

　　每次在新加坡，我在整理行李準備回台灣時，弟弟都會在旁邊碎碎念：「我要哭死、哭死了啦……」

　　怎麼辦？我也捨不得回家啊！

　　「可是我再不走，會被新加坡政府趕回去了耶……」我安慰他。

　　觀光簽證最多只能停留一個月，APEC卡還在更新中。

　　我在台灣還有很多責任必須完成，也有家人要照顧。

　　我請他好好生活，努力交朋友，認真學習，電動漫畫少看一點，吃好睡好，盡量長高，

　　媽媽回家好好工作，維持健康身體。

　　下次見面時，我們彼此都會變得更強大。

　　分別的時候，我們都笑得很開心。

　　原來人生中有很多情緒是可以練習的，

　　分離也是。

　　之前練習了很多次，

　　也可能是因為那次我待得特別久，

　　彼此心裡都有被深刻滿足到。

小留學生的中文測試

2023年，比莉姐的兒子要去新加坡參加一個大部分
是台灣歌手的One Love Asia Festival 演唱會，
向環球唱片拿了幾張premium 票給我家犬子們。

弟弟很興奮地問我有哪些藝人？
其實我也不知道，叫他上網查。
之後，我問他有哪些歌手參加？
他唸名單：
田ㄈㄨˇㄨㄚˇ
徐佳ㄔㄨㄥˊ
All in黃麗玲
ㄩˊ廣ㄓㄨㄥ
……

（坑坑巴巴）

等等！不是都是台灣大牌歌手嗎？
怎麼沒有一個我聽過的？

我請他傳內容給我自己看。
這一看不得了了，
他唯二對的只有周湯豪和八三夭。
（還是因為他是他們的粉絲）

弟弟的中文怎麼辦啊？

小三讀完就離開台灣，在新加坡讀的是英國學校。

全校沒有一個台灣人，連中國人也沒有。

弟弟的中文，就徹底結束在小學三年級了。

這和當初想念中文系的我想像落差太大。

有邊唸邊，無邊唸中間，應該是他對中文的概念吧！

還好現在的孩子都靠電腦打字，不苛求太多也是可以過關的。

我還能要求什麼呢？

只要健康快樂平安，

其他的都不再重要。

請支持弱勢老母～

上回哥哥回台灣第一次約會前夕問我：
「媽媽，哪裡可以買花？
我要買3束花。」

我心竊喜！
我想他總算想到老母了，
3束花總有一束是給我的

我帶他去花店，他要買玫瑰。
極認真和店員討論過後，我建議了3種不同品種、顏
色的玫瑰，
還很識相地不敢說我要紅色、粉紅色，
悄悄暗示他我喜歡大朵白玫瑰。
他頭也不回忙著選花朵：「沒有要送妳啊！」

啊？
啊？
啊？
「那你買3束花是要給誰？」
「我女朋友、她媽媽、她姊姊。」

這真的是一個讓人痛徹心扉的故事，
遂令天下父母心，
不重生男重生女。

當場我顧不得顏面、忍不住怒吼：「那我呢？」

他無辜地看著我：「妳又沒有說妳喜歡花？」

X的！連你弟弟都知道我喜歡花，你卻不知道？

晚上睡到一半，還是爬起來檢查他的花束們有沒有安好，

媽媽真是最不可逆的弱勢團體！

手機症候群

和哥哥吃飯，這是絕對會一再重複發生的對話：

「可以不要吃飯配手機嗎？」

「可以停一下好好吃飯嗎？」

「可以等一下再玩遊戲嗎？」

「請問你事業到底做多大？」

「你跟你女朋友吃飯會一直看手機嗎？」

....

美其名說是對話，其實也不能夠，因為對方完全沒有回話，只是我一個人隔著桌子、對著空氣在murmur。

「全世界只有你敢這樣對我。上一個對我這樣的人，已經被我KO了。你知道是誰嗎？你很熟的⋯⋯」

他笑了。

真的，還好我倆長得很像，不然真像是來併桌的。

教小孩，練 EQ！

兒子說要去騎車，UBike他騎上癮了。

我看看時間，晚上9:30，外面下大雨。
「我覺得不太妙！下雨路上沒有人，路燈會變很暗，很容易仆街……」
兒子不理會，繼續換衣服。

「等一下！我突然想到，那條路上之前發生過箱屍案。現在下大雨，萬一你遇到殺手，指紋血跡都被雨水沖掉，警察也採不到證據了。咦！我記得那裡好像也沒有監視器，嫌犯應該也抓不到了。那你自己小心一點吧！平安！」

語畢，
他默默走回房間玩手機，
我安心繼續看我的電視。

媽媽有時間還是要多注意社會新聞，話也不能亂掰。
我還真的找到5年前那則轟動社會的新聞貼給他看，證明我所言不假。

教養小孩真是精進EQ最好的時候！

世上最甜的事

12月8日一過12點，弟弟傳了一段他剪的30秒影片給哥哥，祝他生日快樂，然後說他要睡覺了。

（真可愛）

哥哥一邊看、一邊笑：「剪得很好耶！這個廢物……」

我罵他怎麼可以這樣說啦！

他回我：「可是我愛這個廢物啊！」

（原來青少年說的廢物不是廢物，長知識了）

馬上哥哥轉頭看著我：「媽媽，happy birthday！」

我說：「又不是我生日，當年的今天我很痛耶！」

他回答：「所以我說生日快樂啊！」

白天的時候我偷偷發現，弟弟打電話給哥哥，螢幕上顯示的是「傻弟弟」來電，

我好奇了，

問哥哥：「那你打給他顯示的來電者是什麼？」

哥哥很神氣地說：「就是『哥』！」

我再問：「那我呢？」

他不告訴我，

我拿起電話馬上打給他，看見的是：
「史上最無敵漂亮且聰明溫柔的媽媽」。

啊！世上再也沒有任何事比這個更安慰媽媽的心！

我的人生，很值得！
心肝寶貝，生日快樂！

愛的記憶

一進入冬天，生病的人好像真的很多。

射手座的哥哥難得說他不想出門，要待在家裡，因為他病了。

先是咳嗽、流鼻水，接著星期日下午發燒到將近40度，吞了好幾次退燒藥，溫度始終上上下下、起伏不定。

星期一一大早帶他去看醫生，

給了3天藥叫他回家休息。

孩子睡了2天後好了，接著換我。

還好我有自知之明，當天在診所也看了醫生，

但我的症狀比他晚發生，半夜鼻塞咳嗽到難以入眠，早上起床幾乎失聲。

半夜睡夢中哥哥爬到我床上，擠在我身邊蹭了很久。

他摸摸我的頭，

很像小時候他們生病，夜半我一直醒來，摸摸他們額頭、確認還有發燒嗎？

習慣是有記憶的，
曾經怎樣愛過疼過，也會留下痕跡，
真的不能以為失去了，就永遠不會再發生。

人生的軌跡其實都是有跡可循的熟悉。
怎麼愛過的，他都記得。

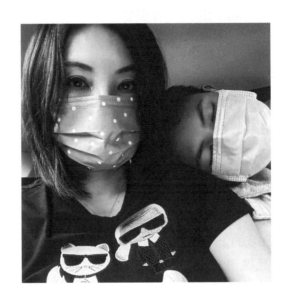

聖誕快樂！

　　2023年的聖誕節，我帶著弟弟去韓國，哥哥想待在台北參加女友學校的聖誕舞會，沒有同行。

　　我一回到台北家，他提著行李飛奔過來，掏出一個小袋子，扔在躺在沙發上累到動彈不得的我面前。

　　「給妳！聖誕禮物！」他很酷。
　　「哇！」

　　我眼眶紅了，
　　從小時他們手作的手環項圈，
　　到現在他們省下零用錢去買的禮物，
　　一點一滴都是幸福的滋味。

　　早上起床，他問我：「妳戴了嗎？」
　　我示意他看我的頸項，
　　早已和我的十字架並排在一起。
　　我看見他悄悄的一抹微笑閃過，又轉身去吵弟弟了。

　　弟弟則是回台灣前2天，在新加坡時問我：
　　「媽媽妳想要什麼？我和同學在買聖誕禮物。」
　　我是真的也想不出。
　　但他考慮周詳：「買花帶不回台灣，所以買一個粉綠色的小花行李牌。」
　　怎麼這麼剛好就可以搭配我新買的粉色小登機箱，每次出遠門，我都掛著行李牌看著它。

多年來的心酸、讓步和想念，早已不復記憶，
只記得快樂的部分，
有一天如果我老到遺忘了這些，
請提醒我，
那是我人生中最高光的時刻……

有家人在的地方才是家

我家很難得會有這景象，亂到好像連路都沒地方走。
一向我要求家裡要整潔，
至少，要收納到隨時有人來都是可以見客的，
東西都塞在櫃子裡，井然有序，
所有物品的藍圖都在我腦子裡。

「雜亂」是我2個兒子這2個月在我家的形容詞，
但這卻是這幾年來我最快樂的2個月。
我的心完全被充滿，被深深療癒著。

失去的只是時間，曾經破碎的人事物，
只要想好了，總有一天會鬆綁，
處理好自己，才有正常的心志去面對。
永遠不嫌晚。

假期過後，我又開始蜷縮在沙發上追劇，
回到同樣一塵不染的我家，
怎麼覺得空氣都變得好冷了呢？
家，
有家人在的地方才是家。
我開始想念嘈雜如市場般的那時刻。

我算是搞笑咖嗎？？

雖然我是在寒冷的臘月出生，但我天生非常怕冷，
非萬不得已絕不去寒冷的國家，再好玩也吸引不了
我。

最近天冷，每天晚上我們就滾在自己的房間，塞在各
自的被窩裡，偶爾扯著嗓門對話幾句。
家不大是優點，隔音不佳也是優勢，
彼此照樣可以擁被高臥，不用移步去對方的所在。

這天，哥哥跑到我房門口說他要睡覺了，
「晚安！搞笑咖！」

搞笑咖？Me？我是搞笑咖？？？
「因為妳真的蠻好笑的……」

這個需要琢磨一下哦！
我想我應該是蠻有趣的，但是兒子這樣下註解好像有
點那個耶……

算了啦！至少不是什麼「虎姑婆」「村婦」「老古
板」「沒文化」之類的，
原來現代版24孝的「綵衣娛親」娛的是小孩；
那是不是也表示，他和媽媽在一起也蠻開心的？

我想告訴你，
我和你在一起的時候，非常開心！

抓住當下每一刻

2023年底，我帶弟弟去韓國首爾過聖誕節。

那是我們分開後，我第一次帶他出國度假。

天氣很冷，白天只有攝氏2度。

因為太冷我們只能走室內，現代百貨裡像在作跳樓大拍賣一般，放眼望去全是人，

連想喝杯咖啡都得眼明手快搶位子，且一等就是一小時。

回國前一天，弟弟跟我說，他想去至高之處看看。

Seoul Sky！

我看著聖誕節假期到處擠滿的人潮車潮，望著他極度想去的眼神，

好吧！就走吧！

樂天世界塔有123層樓高，底下全部是百貨商場。

我們不逛街，直接買票上頂樓。

在那裡我們就停留了2個多小時，弟弟興奮到拍了幾百張照片，連每一個商業的攝影機也不放過。

到出口時我們嘻嘻哈哈去買照片。

從前，

這些相片我是不會買的，我覺得手機有拍就好，不要浪費錢，

那天，

我幾乎買了全部，一張都不想放過。

曾經，

我以為這樣的機會很多很多，

原來真的不是如此。

人生的轉向永遠無法預知，

教會我只能抓住片刻的歡愉，

且過，

且珍惜！

半夜2點下起了雪，

漫天白雪飛舞，灑滿整條來時路，

看著弟弟亮晶晶開心的眼睛，

我心亦然……

可以每年，給我一段這樣的好時光嗎？

兄弟之愛

2023年年中，弟弟考進哥哥的學校，

從2024年1月新學期開始，2兄弟終於在同一個學校，

以後放假的時間也一樣，不用再輪流回台灣了。

弟弟要離開相處了4年的同學很是傷心，一直抗拒去新學校。

我講道理給他聽：真的不是為了方便才讓他轉學，確實新學校的performance比較高，之後進優秀大學的機率更高一點。

離開台灣之後的種種變動，對一個孩子來說，要適應的地方太多。

我心疼。

但我擔心的還有一個部分。

我偷偷叮嚀哥哥：「弟弟是轉學生，你要注意弟弟在學校不可以被霸凌。」

哥哥：「我在高中部又看不到他。

誰敢啊！全校都認識我，老師也是！」

我：「認識你和弟弟有什麼關係？」

哥哥：「我們2個長得很像啊！

我們出去人家都以為我們是雙胞胎，全校就都知道他是我弟弟，誰敢動他啊！」

雙胞胎？？？？？
差3歲半的雙胞胎？
我看了半天，真的不覺得有那麼誇張，
就是身高差不多，都很像我就是了。

我想起在薇閣小學的時候，弟弟升一年級時，哥哥念四年級。
低年級在一樓，高年級在高樓層還不同棟。
每一堂下課時間只有10分鐘，哥哥會跑到弟弟的教室去偷看他在做什麼，下課回家後嘮叨給我聽，這樣持續了一整年。
常常他還來不及去尿尿，鐘聲響了就要趕緊跑回教室上課。

教弟弟的班導師，還是他以前的班導。
有時他會磨在老師身旁和老師聊天，問弟弟上課有沒有乖。
這些都是老師之後傳訊息給我，我才知道。

當時只覺得很有趣，
現在回想起來，覺得有一點點心酸。

這是一個小屁孩對他胞弟的愛。
看似打打鬧鬧冤家似的2兄弟，
在沈默寡言一臉酷的哥哥心底，
原來藏著這樣的愛。

少年 Bruce 的煩惱

弟弟從小就是一個超頑皮又古靈精怪的孩子。

獅子座的他個性火爆，

和哥哥生氣的時候，會隨手抄起旁邊的椅子想去砸哥哥，

無奈個子太小力氣不夠，只能用推的，哥哥趕緊趁隙逃跑。

幼稚園的時候，有一天放學回家，他跟我說隔壁同學拿鉛筆丟他，

我很緊張地問他：「那你打他了嗎？」

他笑嘻嘻地回我：「我哪有那麼笨啊！我抬頭看天上（應該是天花板上）有一支監視器，我打他會被監視器拍到。」

當時我和我妹面面相覷，傻了。

這個小孩不笨啊！

一個5歲的孩子竟然知道什麼叫監視器！他到底是像誰啊？

弟弟很喜歡說話。

小學時我每天去學校接他放學，一上車他就很開心跟我說：「媽媽！我今天又被罰站了！」

啊！為什麼？

「因為我上課講話！」

一學期4個半月中，差不多有4個月都如此，重點是被罰站他還很開心！

離開台灣之後，有一陣子他變得很沈默。

英文不好，在學校語言不通是必然，沒有人可以聽他說話是重點。

哥哥的學校有很多中國學生，語言不是障礙，他也忙著開始適應新生活。

弟弟習慣出門總是戴口罩（即便疫情解封，還是如此），

他想把自己藏起來，總是一個人待在家，也是這個時候他迷上動漫。

書中的世界很多彩，
但他的周圍很孤寂。

他內心的寂寞，無法想像。
我人生的黑暗期，
和他的冰河期重疊，
彼此都無計可施且無可奈何。

幾年過去，現在的弟弟長成一個體貼的少年。
淘氣消失，
替代的是恰到好處的溫暖慧黠。

總算我們都等到天明的那一刻！
我這個媽媽都沒做什麼，
你就長大了，還長得這麼好……

為什麼我小時候沒遇過
這麼可愛的男生呀？

　　哥哥念小學時，每天回家都會從書包倒一堆紙條給我說：「媽媽，給妳！」
　　打開一看，都是情書。

　　他說，這些全部都塞在他學校的櫃子裡、抽屜裡，還有半路上遞給他的。
　　這種情形，到他進入高年級時最熱烈。

　　在新加坡時，三不五時會有不同國籍的女生想跟他交換line。
　　這次他放假回台北，在捷運站等我接他，還有女生想跟他搭訕，
　　聽到他只有17歲，徒呼負負。

　　我一直很擔心他會變成一個用情不專的公子哥兒，但他對女友的細心呵護，讓我很驚訝。
　　女友跟他鬧彆扭時，他會來問我該怎麼辦？
　　心急如焚的樣子，很像世界末日來到。

　　我常常在想，為什麼我小時候沒有遇過這麼可愛的男生呀？

我的運氣確實不太好。
期盼我兒子的感情路比我平坦。

但我還是會教導他：
得之我幸，不得我命。
在感情中互相成長，
都是人生最美的過程。

不知不覺你已成長

　　弟弟小時候就是一個最像老么的孩子。

　　以前在日本踏進他最喜歡的寶可夢商店，他可以塞滿好幾個籃子等著要結帳，不計代價。

　　每回出門都堅持要把衣櫃翻一遍，精挑細選扔得滿地都是；

　　動不動大哭大鬧，就是要和哥哥較勁。

　　可是這幾年無論在台灣或新加坡，逛街時我想買衣服鞋子給他，他總是回答：

　　「媽媽我衣服已經很多了，妳買給哥哥就好。鞋子我穿哥哥給我的就好。」

　　他什麼都不要。

　　我不知道疫情那2年發生了什麼事？

　　那幾年，我們母子很久沒見面，

　　弟弟小三讀完就離開，是我心中最深的虧欠。

　　每次相聚，他的孺慕之情，總是那麼真實地表現在他的表情中。

　　但每一次再分離，我都覺得他的情緒表達比之前更成熟一點。

幾年前，他會一直問我：「媽媽，妳什麼時候可以來新加坡陪我們住？」

　　再來他會問我：「媽媽，妳下次什麼時候會再來看我們？」

　　現在的他，會帶著我去學校和他所有的老師碰面，一面笑著在旁 一一說明：「我媽媽一年只會來2次，她工作很忙……」

　　我想，他漸漸明白，

　　有些事只有一條路可走，沒有轉圜。

　　我觀察他的臉，看不出蛛絲馬跡。

　　他的神情，純真又淡然。

　　不管這中間發生過什麼，

　　他長大了，

　　無論是被迫還是自然。

　　既然逝去的過往，無論如何再也追不回，

　　我們就一起認真期待將來吧！

　　總有這一天！

母親節不孤單

開車回家的路上，弟弟打給我。

通常，在這種不是平常接電話的時間看見孩子們的號碼出現在手機螢幕上，都會心慌。

很怕他們突然病了、還是摔了，

就算有突發狀況，也是不妥。

手忙腳亂接起電話，免持聽筒還沒接通我就發聲：

「怎麼了？媽媽在這裡，發生什麼事？」

弟弟高亢的聲音傳來：

「媽媽，我和『愛爾蘭角落』（我兒子最好的朋友，他是愛爾蘭人，名字是Conor，我取其諧音，比較好記）在買母親節禮物。

我要怎麼寄回去？還是等妳來的時候再給妳？」

就算再聽一百萬遍，我還是會哭的。

可是如今我已經進步了，

以前我會把車停在路邊，無止境地掉眼淚，

現在可以邊擦淚、邊開車，還能發自內心地笑出來。

感謝我的孩子們賦予我「母親」的稱謂，

在很多時刻，每每感到再也沒有力氣往前跨步時，

耳邊就會響起他們叫媽媽的聲音，

讓我在蒼茫現實中還有掙扎下去的動力。

比大力水手吃了100顆菠菜還有用。

這是我的母親節，一點也不孤單。

母親節快樂♥

怎麼介紹外國朋友認識台灣？

　　兒子放假回來過生日，帶了他的馬來西亞裔同學一起來台灣玩，每天行程排滿滿，回來2星期，我一次也沒見到他。

　　偏偏我的工作也很滿，他玩得昏天暗地時，是不會召喚我的。

　　我只是叮嚀他：

　　「要怎麼介紹外國朋友認識台灣？讓他愛上你生長的地方，你得好好想想。」

　　結果他們去了日月潭、花蓮、101、西門町、寧夏夜市、北投溫泉、野柳、平溪放天燈、故宮博物院、陽明山看夜景、木柵動物園（我有點不明白去這裡幹嘛？明明新加坡有三個動物園都很令人驚豔，也許兒子的記憶是他小時候太常被我帶去看動物，是一個藏在記憶深處的地方）。

　　外國小朋友說日月潭的天空很藍，陽明山夜景很美（因為新加坡沒有山），台灣東西很好吃，高麗菜很甜，

　　講到台灣女孩，他們2人會相視曖昧而笑，我想OS是：台灣女生很漂亮！

　　突然有一天早上，兒子傳訊息給我：

　　「媽媽你有空嗎？我要和以前的學姐吃飯，她想看妳！」

　　原來媽媽也變成觀光景點之一！

兒管嚴

　　哥哥考完試，從學校出來叫我出門陪吃飯，我們約在商場見面。

　　經過很多服飾店，我看得眼花撩亂，

　　我手一指問哥哥：「那件衣服好看嗎？」

　　他說：「那是年輕人穿的，妳要穿要先減肥！」

　　然後我問他：「那我今天穿得不像年輕人穿的嗎？」

　　他面無表情：「很像帶小孩去遊樂場穿的，

　　不好看！」

　　接著他指示我：

　　「最近妳不要再穿露肚裝拍照了，不要把腰露出來，等妳和我一樣瘦才可以穿……」

　　每天拖我出去吃飯，是要怎樣瘦啦？

　　對媽媽這麼嚴格，也是一種愛嗎？

　　我想是的。

現在床變小了，因為孩子長大了。

之前常常有人問我：到底可以和小孩同床共枕到幾歲？

因為我的2個孩子在出國前，都是和媽媽一起睡的。

為此，我還去請問過兒童心理專家，
他給我的答覆是：
無論幾歲，只要彼此願意開心就好！

從此，我再無罣礙、每晚陪伴他們睡覺，
睡前的親子時刻是每日最幸福的終結，
我們享受彼此的陪伴，
還有擁抱。

一直到今天，兒子們和我相處，還是會說：「媽媽，妳來陪我躺躺好嗎？」

媽媽是我的！

　　獅子座的弟弟總是想和哥哥較勁。

　　他說他很愛哥哥，可是沒辦法。

　　哥哥大他快四歲，從小就是他追尋的典範。

　　哥哥喜歡畫畫，他馬上放棄，轉而專注在哥哥不太愛的鋼琴上。

　　我想，他內心深處一定覺得怎樣也拚不過哥哥，不如把光芒留給哥哥，自己在其他領域求發展。

　　這點，從他們的某一次對話可以顯見。

　　弟弟問哥哥：「之後你讀完大學，會回台灣嗎？」

　　哥哥說不知道。（射手座的哥哥一直是沒有長遠計畫的人，今朝有酒今朝醉）

　　弟弟很衷心承諾哥哥：「沒關係！如果你不回來，我回來。我幫你承擔你的責任和義務。」

　　那年弟弟才11歲。

　　我確認他們是相愛的。

　　記得有一次在新加坡，哥哥突然要求要和我拍張照，放上我的臉書，這一下子不得了了，弟弟覺得他被忽略，頓時發起火來。

　　等他紓解完情緒之後，為了吸引我注意，在半夜2點半跑去彈鋼琴。

立馬哥哥氣急敗壞地從房間衝出來，大罵「你現在彈鋼琴會被罰！」接著滑手機給我看新加坡法律：

超過晚上10點之後，住宅內不許製造噪音，舉凡吹喇叭、彈鋼琴……之類的聲響，

皆在其規範之內云云。

2兄弟唇槍舌劍，

為母的當下確實心灰意冷到懷疑人生，很想走出門去、離家出走喝一杯。

話說勇兔有天line我：「如芸姐，妳在新加坡好嗎？」

我問她：「妳是起肖嗎？妳不是叫我媽、換叫我姐，是吃錯藥了嗎？」

她很委屈地回答：「我怕又被弟弟封鎖。

可以跟弟弟說我已經釋出最大誠意，請給我一條生路好嗎？」

話不多說，事不宜遲，

我正在狂笑被弟弟發現，當場母子上演手機爭奪戰，我的新iPhone 14差點被摔爛，勇兔當然又被封鎖了第N次……

哥哥都不能夠了，外面名不正、言不順的姐姐怎麼可以？

life...

Chapter 6

人生

50 歲的我想要⋯⋯

30歲的時候，
覺得人生還很長，
每件事都想要細細作選擇；

40歲的時候，
覺得應該已經塵埃落定，
一生八九不離十，就是這樣了；

50歲的時候，
覺得人生隨時可能突然走到終點，
終於只能認真想著一件事：
我想要，
快樂看世界⋯⋯

50 歲是人生第二個青春期！

今天一個朋友跟我說：

「有時候遇到挫折，都希望過程不要太快過去……」

我第一個想法是：她瘋了嗎？

沒有人不希望一覺醒來所有難題都消失，甚至從來沒有發生過。

人生之所以有趣，是因為看不見未來。

有時候，一定只能靠自己邁過那個坎，愈難走愈可以靜靜思考；

等時間過去，視線會更加清晰，心中感覺更踏實。

所以，你有沒有覺得：當車子開得很順很快時，可能就看不清沿途的風景了？

哪一個人心中沒有大大小小的碎片？

然而當心中的圓變得很大時，那些碎片就變得模糊不清了。

那天聽到一位作家形容：「50歲是人生第二個青春期」，

多麼好的比喻！

25歲時的我沒有現在的智慧，只想做和別人一樣的事；

　　現在的我，想看看自己可以做出什麼和別人不一樣的事。

　　真心謝謝在這條道路上，

　　所有擁抱過我、

　　給過我微笑的人……

當那一天到來

曾經和哥哥聊過我身後的規劃。

當我想偷偷去簽署放棄急救同意書時，法令已經修改成必須要兩位親屬見證，
我找不到可以見證我簽字的證人。

也許有人覺得這時候提太殘忍，
但我想要他們時候到了不要太悲傷，手足無措，
我不希望變成他們心中的一個痛點和遺憾。

我跟哥哥說，「你就讓我好好離開，請你一定要記得。」
他問我：「為什麼要放棄急救？」
我說：「因為我很愛漂亮，我不能忍受我面目全非、不能自主的那一刻。」

當時我正在開車，若無其事地提起這件事，回頭發現他已淚流滿面。

我是一個母親，

無論何時，我的第一願景都是希望我的孩子們可以幸福快樂。

有一天這一刻都會到來，

我寧願他們遵循的是我的心願，

而不是必須下決定時的煎熬。

還有負擔。

真的真的不要悲傷，

有一天，

我們都會在天堂相見。

現在的我們，

好好享受可以相聚的每一刻，

和誰都一樣。

只要永遠記得媽媽愛你們的樣子就好……

姊妹的小旅行

2023年妹妹的生日禮物，我想送她一次沒有預算上限的東京之旅。

年初我就開始計畫，訂機票飯店，換好滿滿的日幣，我想要她想吃什麼、想去哪裡，
都可以。

4年前，當我身無分文走出家門時，是她偷偷把自己的房子拿去抵押，輕輕跟我說：
「姊姊，不要怕！我們請最好的律師幫妳。
妳有我！」

是因為有她，我才努力撐下來。
我知道沒有我，兩個孩子也會被好好對待。
而我自己，是因為有她，我才有生存下去的勇氣。

手足之情是上帝給我最珍貴的禮物。
也是因為從小到大的互相依靠太幸福，讓很難懷孕的我，無論如何都要讓我的孩子有手足可以彼此愛惜。

妹妹很不喜歡拍照，所以旅行中的照片很少。
但我會站在她身後默默幫她拍，
走路時走在她身邊看著她，

晚上看著她邊看著手機裡的影片邊睡著，
好像回到小時候，我們都不曾離開家的時候。

她最喜歡日本。
日本也有很多我們帶著我的兩個孩子旅行的記憶。
睽違四年，走在曾經很熟悉的道路，
在走過的記憶中尋找回憶，
有點心酸又帶著感傷。

我問她：「以後每年我們至少都來一次姊妹的小旅
行，好嗎？」
她笑得開心，她說：「同事羨慕我有姊姊，去日本
還可以坐商務艙。」
我心想：這輩子無論我吃粥吃飯，都會和妳一起分
享，
永遠不變！

謝謝妳愛我挺我，陪我走過那麼漆黑的一段路。

彩虹糖的滋味

為了上節目必須提供高中時期的照片，只好求助高中同學的群組。

七嘴八舌中，同學們一致認同當時我每天帶的便當最好吃。

我從小就非常挑食難伺候，

媽媽天天站在廚房看著便當盒，總是傷透腦筋。

我曾經問弟弟，新加坡學校有沒有出過一題作文題：「媽媽的拿手菜」？

他說沒有：「就算有，我也不知道寫什麼啊！」

我說：「你可以寫『辛拉麵』啊！」

可惜我一向不擅廚藝，

否則「媽媽的味道」，足以牽引千里之外所有遊子的思念。

記得我在年輕時苦戰八點檔時期，幾天幾夜回不了家是常有的事。

但只要回到家，媽媽馬上煮一碗我最喜歡的「白花椰榨菜魚丸雞骨湯」。

這湯名聽起來很詭異，卻是從小到大我最喜歡的一味，百吃不膩。

即使她現在年紀大了，一身是病，已經絕跡廚房許久，

但至今熱騰騰雞湯的香味彷彿一直縈繞在鼻端，永誌難忘。

不記得從哪時候開始，弟弟每次從新加坡回來，都不會忘記在機場買一包特大號的skittles。

他記得小時候媽媽買零食給他們，都會給我自己買一包彩虹糖，他知道那是媽媽最愛的糖果。

然後我們就打開分著吃，開心地猜對方吃的是什麼顏色，樂此不疲。

第一次我收到弟弟買給我的糖果，立刻拿起手機想拍照，

他要求我：

「媽媽妳可以不要po嗎？我用我的零用錢買的。爸爸有問我這包要給誰，我說是我自己要吃的。」

至今家裡有一個抽屜，
是專門收藏這些吃完的紅色糖果袋，大大小小。
我真的捨不得丟啊！

所有的記憶讓我們知道我們不曾遺忘過彼此，
時間可以飛逝，
但愛的痕跡卻一直存在。

青春雖遠，在心中卻是永恆。

　　我有一個高中死黨，在當年那個有髮禁的年代，她絕對是走在很前面的。

　　她的頭髮剪成不規則型（我實在不知道她是怎麼度過每週一的教官檢查），衣服又緊又短。當時她認識很多明星高中的男生，也有一個深交的男友。個性活潑開朗，但功課卻是名列前茅。

　　她一直是我的護身符。

　　那個年代考大學是唯一的人生目標，大學錄取率只有20%。

　　除了溫習功課，家長不允許我們做任何事。

　　我的父母只認得她，只有她可以引渡我出門。

　　只有她開口，我才可以偷偷出門去西門町看電影。

　　有一天，她來我家聊到深夜。

　　兩人說起高中時期的往事，歷歷在目。

　　她問我：「那時候至少同時有3個男生喜歡妳，每個現在都成就斐然，妳是怎麼回事？妳的眼光好像一直有問題……」

　　我看著她：「那妳呢？有遺憾嗎？」

她是一家知名金控銀行的高階經理人，年薪驚人。陰錯陽差，她沒有嫁給高中時那位男友。現在單身多年，兒女都成材。

　　先把往事說一遍，再慢慢追溯，
　　漸漸地我們的話題接近「後不後悔」這件事。
　　不只感情、工作、際遇，
　　連沒有選擇出國念書這件事，都拿來探討。
　　當中任何一項因素有異動，
　　今天我們的人生就完全改寫。

　　半夜一點，我倆同時抬起頭來：
　　就算時光倒流，結論應該也相差無幾吧！

　　年輕的時候看不懂人，兩小無猜的感情沒成真，
　　家境小康的我倆，畢業後只想報答父母，趕緊在社會上拚搏。
　　其他同學走的路，
　　都不是我們當時會甘心選擇的，
　　既然如此，彼此心中一片坦然。
　　重點是，
　　我們現在都過得好，
　　就沒有所謂的後不後悔。

但青春，是真的美好！

每一次，當我站在新公園（現在的228和平紀念公園）外的公車站牌旁邊，

腦海中閃過的，

是當年我們身上耀眼的黃襯衫、黑裙，

身旁站著幾個高高瘦瘦、穿著軍訓制服的男孩們，K書完陪我們等公車的畫面⋯⋯

那一年，

我們一起揮霍的青春，

無悔又認真！

人生如逆水行舟，不進則退。

孩子小的時候有很多玩伴，那時的他們除了長相以外，樣子都差不多，沒什麼區別。

現在他們都長成少年，差異就很明顯了。

有些孩子將來志向很篤定，一直朝目標邁進，

有些孩子十項全能，

有些孩子惶惶不知終日，

有些聰明善辯不愛讀書，有些心心念念就是課業。

每個孩子都不同，但未來可期。

而已屆中年的我們，性格已然固定，過往的種種也盡擺在眼前。這20年來的轉變，端看個人的造化。

時間不會終止向前，會停滯的只是自己的態度。

當年的我們同樣都是青春活潑的女子，站在同樣的起跑線上，一眼望去並沒有什麼不一樣。

當光陰走過，彷彿每個人站的樓層已經不同。

也許是際遇，也許是運氣，也許是個人的自我要求，

有人愈走愈高，有人退而求其次，有人努力不懈，有人放棄自己。

人生最有趣的莫過於不知道未來，不因困頓而消沈，不因挫折而停止。

可以爬到哪個樓層，沒有人知道，

在過程中只要往前看，不言之過早，

一生的成敗，到時候會知道。

現在處於弱勢嗎？

不怕！現在的輸不是輸！

人生，簡單就好！

女友說：
婚姻不是個好制度，
綁得住文件，綁不住真心。
對我這個恢單的女性來說，
結婚不算難，離婚很難，有小孩更難。

美鳳姐說得好：
「我不需要室友，我需要飯友。」
我剛剛進入放牧的行列，各方友人紛紛跳出來物色推薦，各國人士都有。
對我這個飯可以亂吃、甚至不吃的人，
我也不甚需要飯友，而是需要可以聊天的朋友。
心靈伴侶的尋覓已經太難，至少可以說說笑笑一場，在睡前懷抱著愉悅的心情入眠。
話不投機的人就遠離，
需要委曲求全的對象馬上飄走，
有著負能量的友人久久會面就好，
盡情做好我自己，
自然會有吸引力法則發酵，
身邊會留下志同道合的夥伴。

人生不難，
簡化就好。

護身符

此生，什麼是你的護身符？

也許是學識、家世背景、事業、

父母、老公、老婆、孩子 or whatever……

常常我們拚命求來的護身符，當法力消失時，該如何繼續呢？

護身符不能夠、也不足以代表美好的前景，

人的渺小，是因為讀不到未來，

做自己覺得對的事，

認真面對每一天，

其他的，

就交給天上那位吧！

死過之後，才能重生。

沒有人想要慘死，

真的在心裡狠狠死過一遍之後，

好像會重組人生的記憶，

超乎想像，活得不同。

危機的時候會更冷靜，

害怕的時候會更勇敢，

真正掉眼淚的時候，是只有在不能控制的夢裡，

因為受傷的記憶，還是時不時會來驚擾，但點擊率
會愈來愈低……

永遠不要把自己的人生交付他人，

永遠不要為了別人勉強，

永遠不要踮著腳尖愛任何人，

辛苦的勉強不會幸福，也不會長久。

想哭的時候

我常常也有很想哭的時候：

當我聽到小兒子說他睡前想到媽媽會哭，我比他更想哭；

當我聽到身邊的人生病，我會難過到想流眼淚；

當我帶年邁的父母去醫院的時候，我會感到無助想哭……

但當我知道哭不能解決問題，

只是徒然發洩情緒，

我會趕緊地再爬起來，

想想可以做什麼，會對目前的處境更好。

到底我的勇氣從何而來？

也許是從上帝，

也許是因為我從不願在現實面前低下頭來。

妳有「歐巴桑」體質嗎？

身邊可能有一種人，生活圈只限於頂上的天，
問她什麼，她都說不要、不對、不喜歡、不適合，
無視外面世界的步調如何變遷，
不配合、不學習、不觀看、不關心，
只專心過自己的小日子。

我也曾埋首在自己的小世界中，以為只要做好自己
被賦予的角色就好。
但日積月累，無知限制了人的想像，
沒有進步的人生像一潭死水。
不要說身邊的人已經高飛到影子都看不見，也許連
孩子都覺得妳言語乏味。

不能一起往前走的關係是致命傷，無論是配偶或是
友人。
沒有人有責任和耐心一直回頭找妳，
應該負責任的永遠是自己，不是他人；
男性亦然。

不要再作歐巴桑了！
年齡永遠不是藉口，腦袋才是。

當妳願意走出門、開始重新思考妳的人生腳步時，
妳就不再是個歐巴桑了♥

我喜歡的自由是這樣的！

　　我從來就不是一個喜歡跟人攪和的人，甚至有點社交恐懼症。

　　朋友們都覺得我喝酒之後非常可愛，這可能也是後來我酒量愈來愈好的原因。

　　他們也許不明白，我在清醒的時候大多數時間是手足無措的，

　　我不知道如何和人對話、怎樣讓場子不冷，

　　既然不能躲在桌子底下，那就先把自己灌醉吧！

　　我非常喜歡一個人在家裡。

　　可以讓我出門的，都有我真心想要出去的理由。

　　我喜歡和我愛的朋友一起，無論再無聊的局，我都會覺得有趣；

　　我喜歡在一場聚會中有所得，

　　所以我喜歡和聰明正面的朋友相處，

　　也許整晚聽見一句話，

　　或是一個論點，

　　有時是對一件事不同的看法，

　　都會讓我回家後思考許久，覺得獲益良多。

　　最多時候，是他們會讓我覺得非常開心。

　　人生在世，可以擁有讓你一直開心大笑的友人，是多麼幸福的快樂。

我喜歡現在的人生，
可以選擇要，也可以說不。
我的忍耐只有因為我想要，
我的時間全部我可以掌握，
我見的人，都是源於我真的想見，
我想出門，那是因為我真的想去。

這就是我喜歡的，自由。

快樂的熟女

我常常在路上被粉絲認出來打招呼，每個人都說他們有追蹤我的粉絲頁，甚至還可以說出那2天po文的重點（表示不是唬爛的）

既然如此，我就很納悶：

我已經那麼少出門，每次出門至少都會遇見一兩個，

這麼高的機率，那我FB的粉絲人數應該不只有25萬人而已吧？

那麼，這些人都跑到哪裡去了？

嘿嘿！開玩笑的！

人數不重要，

重要的是有人喜歡看我，

無論是看人、還是我分享的心情文字。

我發現我的TA集中在35~55歲的女性，尤其是40~50歲佔大多數。

這個年齡如果不是職業婦女，一直有使用網路的習慣，很多應該都是像我以前那樣，在家中帶孩子就消磨了半生。

要重拾和外界接軌的那把鑰匙，確實有點難，

除了沒時間，也沒有可以諮詢的對象。

我也曾經是一個被豢養在家中、不知世事、沒有自信的婦女，

為了彌補失去的這20年時光，我拚命追趕，

盼望能早日讓我爬到我想要的樓層，

而不再只是抬頭仰望。

如果有人和我一樣，

讓我們一起努力

到達目標之前，不要回頭看，

不需要太拚命，舒服就好。

有一天，你會發現，

在不知不覺中，

我們都已超越自己的想像。

創造自己存在的價值

自從兒子發現媽媽在穿衣打扮美容保養方面有過人天賦之後，小至一件內褲、一雙襪子，都磨著我幫他買。

通常吃完飯之後的餘興節目，就是去逛街。

我總是站在更衣室外，身上像棵聖誕樹般掛滿衣服，等著少爺試穿出來給意見，一邊還叫我不可以走遠。

手機裡最常傳來的是他長痘痘的照片，問我該怎麼辦？

說也奇怪，只要他和我相處幾天，他的臉就莫名發亮平滑起來，

於是他開始很驕傲地跟同學說：

「我媽媽在的時候，就是我進廠保養的時候。」

這下我可遠近馳名了……

他的中國同學媽媽會託她兒子來問我：

「何老師，請問我兒子皮膚不好，該怎麼處理？

痘疤以後會好嗎？

異位性皮膚炎該擦什麼藥？

一直癢一直抓，會留疤嗎？」

……

我即刻把我手邊的口服藥、藥膏、保養品整理出來，使用方式明細寫好，請兒子轉交給同學，

　　還細細叮囑請他要好好洗臉、早點睡覺，有朝一日一定會長成一個俊美青年。

　　小朋友的媽媽即刻回電，差點沒有痛哭流涕，

　　我在講電話的同時，

　　一邊回頭跟哥哥做鬼臉，

　　他冷眼問我：

　　「妳都給他了，那我呢？」

　　傻子！

　　我整個行李箱裡的都是你的……

關於老後

　　和朋友聊起老年之後的規劃，我們一致認為應該一起打包去住安養院，彼此也有照應。

　　有天晚上陪弟弟視訊睡覺，聊天時我問他：「你覺得，媽媽老了要住哪裡？」
　　他說：「我買房子給妳住！」
　　我說：「這樣好嗎？可是我想去住養老院耶！你有空再來看我就好。」
　　弟弟問我：「養老院是什麼？」
　　我回答：「就是把老人放在一起照顧，看醫生也一起，走不動有人推輪椅，生病也有人送醫院的那種地方……」

　　還沒講完，他哭了

　　哎喲！我真沒想到他會哭耶！
　　我真沒說反話，故意刺探小孩愛不愛我；這很幼稚，我不會這麼幹，我是真的想去住安養院。
　　本來只是想拜託他可以幫我找一間好一點的，願意幫我付錢更好……

　　不管之後他記不記得這題他回答了什麼，此刻我是開心的

　　So sweet！♥

關於我自己

以下是我可能讓你感到很意外的points：

01. 我不吃茄子、芋頭，因為是紫色的我怕，可是我喜歡紫色的花。
02. 我不吃有蚵仔的蚵仔麵線，可是我喜歡生蠔。
03. 我很會跌倒，動不動就摔跤，下樓摔，走平地也摔。
04. 我很喜歡開車，可是常常開錯路。
05. 我不喜歡喝酒，可是開心的時候沒有酒，又不夠開心。
06. 待在家不想出門，出門了就不想回家。
07. 買東西很快，後悔也很快。
08. 我不穿質料很軟、貼在身上的衣服，可是我喜歡絲襯衫。
09. 喜歡吃的東西可以天天照3餐吃，不會膩，例如海南雞飯，泡麵則永遠只吃辛拉麵。
10. 我沒有妊娠紋，小腹也沒有疤痕，可是我生小孩真的是剖腹產。
11. 人多的時候很安靜，冷場的時候想炒熱氣氛，拍照最討厭被擠到C位。
12. 會因為聲音很好聽、字寫得很漂亮，而迷戀一個人。
13. 喜歡戴黑框眼鏡、有點肉、愛穿西裝外套的男生，那是無止境的性感誘惑。

14.看起來很隨性，可是適應環境能力奇差無比。

15.好像人人好，其實內心毛非常多。

16.一堆人、一窩蜂做的事，我不會想做。

17.懶的時候非常懶，但真心想做一件事的時候，廢
　　寢忘食。

我是莫名其妙的水瓶座，

我愛你的時候是真的愛你，

不愛的時候，也是真的不愛了。

後記
55歲的生日禮物
· ·

決定離婚，
是我送給自己50歲的人生禮物；
寫這本書，
是我送給自己55歲的生日禮物。
我的人生從來沒有仔細琢磨過，
卻不曾預期會產生莫名的驚喜。

希望你們會喜歡我的這本心情故事，
讓我們在此後的人生道路上彼此分享，
漸漸茁壯！

我永遠最喜歡現在的自己！

謹以此書獻給栽培我一生的父親！

如芸
2024.5.6早晨於三校完成時

誰的內心不是五勞七傷？但我們依然晶光燦爛！
何如芸與姐妹們的悄悄話

作　　　者／何如芸
美 術 編 輯／賴　賴
責 任 編 輯／吳永佳
企畫選書人／賈俊國

總　編　輯／賈俊國
副 總 編 輯／蘇士尹
編　　　輯／黃　欣
行 銷 企 畫／張莉滎、蕭羽猜、溫于閎

發　行　人／何飛鵬
法 律 顧 問／元禾法律事務所王子文律師
出　　　版／布克文化出版事業部
　　　　　　115 台北市南港區昆陽街 16 號 4 樓
　　　　　　電話：(02)2500-7008　傳真：(02)2500-7579
　　　　　　Email：sbooker.service@cite.com.tw
發　　　行／英屬蓋曼群島商家庭傳媒股份有限公司城邦分公司
　　　　　　115 台北市南港區昆陽街 16 號 8 樓
　　　　　　書虫客服服務專線：(02)2500-7718；2500-7719
　　　　　　24 小時傳真專線：(02)2500-1990；2500-1991
　　　　　　劃撥帳號：19863813；戶名：書虫股份有限公司
　　　　　　讀者服務信箱：service@readingclub.com.tw
香港發行所／城邦（香港）出版集團有限公司
　　　　　　香港九龍土瓜灣土瓜灣道 86 號順聯工業大廈 6 樓 A 室
　　　　　　電話：+852-2508-6231　　傳真：+852-2578-9337
　　　　　　Email：hkcite@biznetvigator.com
馬新發行所／城邦（馬新）出版集團 Cité (M) Sdn. Bhd.
　　　　　　41, Jalan Radin Anum, Bandar Baru Sri Petaling,
　　　　　　57000 Kuala Lumpur, Malaysia
　　　　　　電話：+603- 9056-3833　　傳真：+603- 9057-6622
　　　　　　Email：services@cite.my
印　　　刷／卡樂彩色製版印刷有限公司
初　　　版／2024 年 06 月
初 版 3 刷／2024 年 08 月
定　　　價／380 元
Ｉ Ｓ Ｂ Ｎ／978-626-7431-67-2（平裝）
Ｅ Ｉ Ｓ Ｂ Ｎ／978-626-7431-70-2（EPUB）

城邦讀書花園
www.cite.com.tw　布克文化 WWW.SBOOKER.COM.TW